400 Eselsbrücken für alle Fälle

Thomas Rosky

400 Eselsbrücken für alle Fälle

Weltbild

INHALT

Über die Brücke geht's besser

Wussten Sie, dass es so etwas wie Gedächtnismeisterschaften gibt? Und dass die Weltmeister in dieser Disziplin die Verwendung von »Eselsbrücken« empfehlen? Wussten Sie, dass Albert Einstein die Relativitätstheorie nur entdeckte, weil er seine reiche Fantasie einsetzte und sich vom Bild eines Traumes – auch eine mögliche Eselsbrücke – inspirieren ließ?

Der Begriff »Eselsbrücke« ist also etwas irreführend und deren Nutzung keinesfalls ein Kennzeichen mangelnder Intelligenz – eher das Gegenteil. Auch ist der »Esel« – im Volksmund ein beliebtes Schimpfwort für Dummköpfe – in Wirklichkeit ein sehr soziales und hochintelligentes Tier, wie Verhaltensforscher seit langem wissen.

Die »Eselsbrücke«, im Englischen »asses bridge« oder »crib«, im Französischen »pont aux ânes«, im Niederländischen »ezelsbruggetje«, im Spanischen »puente de los asnos«, hat eine lange Geschichte. Der Ursprung dieser Bezeichnung geht möglicherweise auf die Antike zurück. Der Historiker und Schriftsteller Plinius der Ältere (23/24–79) beschreibt in seiner »Naturalis historia«, dass Esel nur ungern über eine Brücke gehen, wenn sie durch den Boden das Wasser sehen können. Wieder ein negatives Bild: der ängstliche, dumme Esel, der der Brücke nicht traut und deshalb nicht hinüberkommt. Die Tragfähigkeit der Brücke hängt natürlich nicht davon ab, ob man das Wasser durchschimmern sieht oder nicht. Doch der schwerfällige Esel bockt. Er versteht nicht, dass die Brücke ihn tragen wird. Er braucht eine »sichere« Brücke. So könnte man fantasieren. Wahrscheinlicher ist allerdings, dass der genannte Esel nicht schwindelfrei war.

Das Bild des dummen Esels, der spezielle Brücken benötigt, wurde besonders im 18. und 19. Jahrhundert gerne bemüht. So liest man in Meyers Konversations-Lexikon von 1888, »Eselsbrücken« seien eine »Unterstützung für Faule und Dumme, eine Bezeichnung solcher Hilfsmittel beim Lernen, welche dem Schüler Mühe und Arbeit ersparen und damit auch keinen Nutzen für seine Bildung gewähren«. Eselsbrücken waren damals bei den Lehrern genauso schlecht angesehen wie Spickzettel. Man muss allerdings anmerken, dass man als Eselsbrücken u. a. auch Minibücher mit Übersetzungshilfen für den Lateinunterricht, wie es sie bis heute gibt, verstand. Diese Büchlein sind als »Pons« (lat.: *Brücke*) bekannt. Das Arbeiten damit nannte man früher »ponzen«.

Dass die Eselsbrücke im 18. und 19. Jahrhundert als besonders anrüchig galt, obwohl sie in Antike und Mittelalter ständig in Gebrauch war und der Gelehrte Johannes Hartlieb 1430 sogar ein entsprechendes Buch, eine Art Gedächtnisfibel mit dem Titel »Kunst der gedechtnüß« verfasste, hat mit den autoritären Verhältnissen an den Schulen dieser Zeit zu tun. Das sture mechanische Auswendiglernen stand damals in hohem Ansehen. Wie wichtig Motivation, Lust und entspanntes Lernklima für den Lernerfolg sind, hatte man noch nicht wirklich verstanden.

Man weiß heute, dass Fakten, die bloß auswendig gelernt werden und zu denen man keinen inneren oder emotionalen Bezug aufgebaut hat, nicht sehr lange in Erinnerung bleiben. Der angesehene Psychiater Manfred Spitzer schreibt in seinem wegweisenden Buch *Lernen. Gehirnforschung und die Schule des Lebens* (2002): »Je tiefer ein Inhalt verarbeitet wird, desto besser bleibt er im Gedächtnis. Dies ist, nebenbei bemerkt, der Witz von Eselsbrücken. Man denkt den Inhalt nochmals, ganz anders, verarbeitet ihn dadurch tiefer und merkt ihn sich besser.«

Eselsbrücken sind – was die Techniken angeht – ungeheuer vielfältig. So sind witzige und ungewöhnliche Reime eine sehr effektive Merkhilfe. Auch Kunstwörter, die sich aus den Anfangsbuchstaben der zu lernenden Begriffe zusammensetzen (z.B.: SKAT = die antiken griech. Staaten **S**parta, **K**orinth, **A**then, **T**heben), sind eine häufig verwendete Methode. Überhaupt entstehen eine ganze Reihe von Eselsbrücken aus dem Spiel mit der Sprache, wie die zahlreichen Beispiele in diesem Buch zeigen. Aber auch visuelle Verknüpfungen sind sehr einprägsam und beliebt. Am bekanntesten ist sicher der Vergleich des Umrisses Italiens mit einem Stiefel.

Neues mit Bekanntem verbinden: darum geht es bei Eselsbrücken. Auf diese Weise lassen sich Inhalte leichter einprägen. Eselsbrücken sind künstlich geschaffene Assoziationen, die die Merkfähigkeit verbessern.

Allein das Erfinden von Eselsbrücken erfordert eine ganze Menge Kreativität. Hören wir dazu nochmal den Fachmann Manfred Spitzer: »Die besten Eselsbrücke sind diejenigen, die man sich selber macht: In diesem

Fall hat man *durch das Bauen der Brücken im Geist* den Inhalt x-mal hin und her gewendet, über ihn nachgedacht und ihn genau dadurch im Gedächtnis verankert.«

In diesem Buch finden Sie eine umfangreiche Sammlung von Eselsbrücken aus verschiedensten, auch ganz alltäglichen Wissensgebieten. Denn natürlich lassen sich Eselsbrücken überall einsetzen. Vielleicht finden Sie in diesem Buch, das auch eine Entdeckungsreise durch die Welt des Wissens sein soll, Anregungen für den Bau eigener Eselsbrücken. Seien Sie neugierig, und nutzen Sie Ihre Fantasie. Und nehmen Sie sich den Rat des Pädagogen Johann Comenius (1592–1670) zu Herzen: »Alles, was beim Lernen Freude macht, unterstützt das Gedächtnis!«

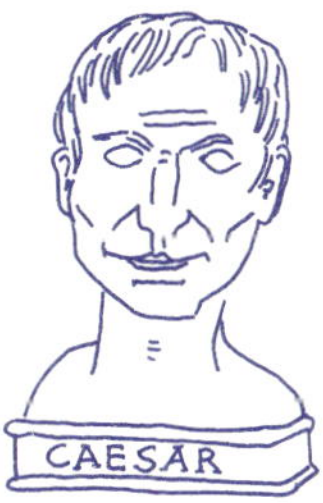

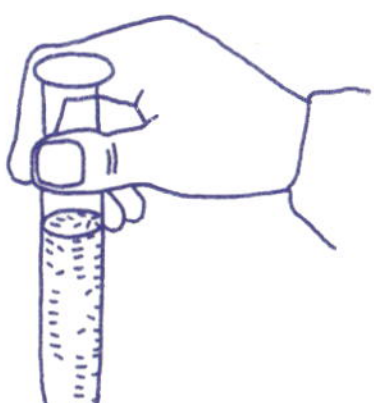

ASTRONOMIE

Unser Planetensystem

Im Zentrum unseres Planetensystems - auch Sonnensystem genannt - befindet sich die Sonne mit einem Durchmesser von etwa 1,39 Millionen Kilometern. Zum Sonnensystem gehören Planeten, Monde, Asteroiden (auch Kleinplaneten genannt), Kometen etc. Die Planeten sind Himmelskörper, die nicht aus sich selbst, sondern nur im reflektierten Licht der Sonne leuchten und diese in kreis- oder ellipsenförmigen Bahnen umlaufen.

Zu unserem Sonnen- oder Planetensystem gehören insgesamt neun Planeten, die alle unterschiedlich weit von der Sonne entfernt sind. Einige sind schon mit dem bloßen Auge zu erkennen: Merkur, Venus, Mars, Jupiter und Saturn. Andere nicht. Deshalb sind jene auch erst sehr spät entdeckt worden. Es sind Uranus, Neptun und Pluto.

Mit folgenden Eselsbrücken kann man sich die Namen der neun Planeten einprägen, geordnet nach deren zunehmender Entfernung von der Sonne. Die Anfangsbuchstaben der Wörter sind gleichzeitig die Anfangsbuchstaben der Planeten.

***M**an **v**erachte **e**inen **M**enschen **i**n **s**einem*
***U**nglück **n**ie, **P**eter!*

oder:
***Me**in **V**ater **er**klärt **m**ir **j**eden **S**onntag **u**nsere
neun **P**laneten.*

oder:
***Me**in **V**ater **er**klärt **m**ir **j**eden **S**onntag **u**nsere
neuen **P**läne.*

Selbstverständlich lassen sich auch andere - mehr oder weniger sinnvolle - Sätze bilden, deren Wörter die »richtigen« Anfangsbuchstaben besitzen. Hier können Sie Ihrer Fantasie freien Lauf lassen.
Aufschlüsselung (in Klammern die Entfernung von der Sonne):

M = Merkur (~ 57,9 Mio. Kilometer)
V = Venus (~ 108,2 Mio. Kilometer)
ER = Erde (~ 149,6 Mio. Kilometer)
M = Mars (~ 222 Mio. Kilometer)
J = Jupiter (~ 785 Mio. Kilometer)
S = Saturn (~ 1,5 Mrd. Kilometer)
U = Uranus (~ 2,87 Mrd. Kilometer)
NE = Neptun (~ 4,5 Mrd. Kilometer)
P = Pluto (~ 5,95 Mrd. Kilometer)

Es gibt eine Ausnahme der genannten Eselsbrücken: Wenn Pluto aufgrund seiner elliptischen Umlaufbahn näher an der Sonne ist als Neptun, muss der Merkspruch leicht abgewandelt werden. Er heißt dann:

***Me**in **V**ater **er**klärt **m**ir **j**eden **S**onntag **u**nsere
Planeten **ne**u.*

Die Phasen des Mondes (1)

Nimmt der Mond ab oder zu? Wer die mehr oder weniger dünne Mondsichel am Himmel sieht, ist sich da oftmals nicht so sicher, und wann der letzte Vollmond war, daran erinnern wir uns oft auch nicht mehr. Also: Zunehmender oder abnehmender Mond? Eine Frage, die diese Eselsbrücke beantwortet:

Die Sichel des abnehmenden Mondes
zeigt ein kleines a,
die des zunehmenden Mondes
ein kleines Sütterlin-z.

Wenn der Mond abnimmt, lässt sich seine Form zu einem klein geschriebenen *a* ergänzen. Wenn er zunimmt, kann man sich seine nach links offene Sichel als oberen Bogen des altdeutschen *z* vorstellen.

Abnehmender Mond

Zunehmender Mond

Die Phasen des Mondes (2)

Es gibt noch eine andere hilfreiche Eselsbrücke, mit der man die Mondphasen unterscheiden kann. Allerdings sind dazu ein paar Lateinkenntnisse erforderlich.
Der dazu passende Merkspruch lautet nämlich:

Luna mentitur (lat.: Der Mond lügt)

Und die Erklärung dazu: Zeigt die Mondsichel ein kleines c wie in *crescere* (lat. wachsen), lügt er, denn er nimmt ab. Hat der Mond eine Form wie ein zu ergänzendes d wie in *decrescere* (lat. abnehmen), nimmt er zu. Also lügt der Mond im Sinne dieser Eselsbrücke immer.

Die Tierkreiszeichen

***Wie st**ill **zw**ischen **Krebs** und **Löwe**n die **Jungfrau** **wa**r. Doch der **sk**andalöse **Schütze stein**igte am **Wasser**fall **Fische**.*

In diesem ungewöhnlichen Merkspruch finden sich alle Tierkreiszeichen, manche ganz ausgeschrieben, manche nur angedeutet. Alle sind in der richtigen zeitlichen Reihenfolge angeordnet: Widder, Stier, Zwillinge, Krebs, Löwe, Jungfrau, Waage, Skorpion, Schütze, Steinbock, Wassermann, Fische.

BIOLOGIE

Klassifizierung der Tiere

SKOFGA

Mit diesem künstlichen Wort prägt man sich die systematische Einteilung der Tiere in der richtigen Reihenfolge ein:

S = Stamm
K = Klasse
O = Ordnung
F = Familie
G = Gattung
A = Art

oder – etwas abgewandelt (allerdings ohne *Stamm*):
***Klasse Ordnung** herrscht in der **Familie**,*
*wenn der **Gatte art**ig ist.*

Am Beispiel des Wolfes sei hier eine solche Klassifizierung dargestellt:

Stamm: Metazoen
Klasse: Säugetiere
Ordnung: Fleischfresser
Familie: Hundeartige
Gattung: Canis
Art: Canis lupus

Die Mendelschen Vererbungsgesetze

UNI - SPA - UNA

Man unterscheidet drei grundsätzliche Mendelsche Regeln, die die Weitergabe der Erbanlagen beschreiben. Sie wurden zuerst von Gregor Mendel (1822-1884) erkannt:

UNI = Uniformitätsregel
SPA = Spaltungsregel
UNA = Unabhängigkeitsregel

Der Vogel Strauß

Ein Tier, das weit und breit bekannt,
steckt gern den Kopf mal in den Sand,
ist Vogel, aber steigt nie auf -
der Strauß, ganz groß im Tempolauf.

Der größte lebende Vogel der Erde, ein Vogel, der nicht fliegen, sondern nur laufen kann, und zwar in Höllengeschwindigkeit, bis zu 70 Stundenkilometer, ist der Strauß.
Dass er den Kopf bisweilen in den Sandboden steckt, mag zwar sein. Doch nötig hätte er es nicht. Nicht nur weil er so schnell laufen kann - auch weil sein Tritt lebensgefährlich ist und er damit schon so manchen Löwen getötet hat.

Elefanten

*Afrik**an**ische Elefanten haben l**an**ge Ohren –*
***In**dische Elefanten haben w**in**zige Ohren.*

Blauwal

Ein Riese in dem Weltenmeer,
bis 150 Tonnen schwer,
der Wassertiere Admiral,
ist der Koloss, der blaue Wal.

Der Blauwal, wohl das größte lebende Tier überhaupt, kann bis zu 30 Meter lang und bis 150 Tonnen schwer werden.

Das Kamel

Das Kamel mit zwei Höckern
*ist das Tramp**e**lti**e**r,*
das Kamel mit nur einem Höcker
*ist das Drom**e**dar.*

Das Kamel mit zwei Höckern nennt sich Tramp**e**lti**e**r und wird mit zwei »e« geschrieben. Das Kamel mit nur einem Höcker, das Drom**e**dar, wird nur mit einem »e« geschrieben.

Der Ochse

Der Bulle kann begatten,
beim Ochs' geht nichts vonstatten.

Der Bulle ist in geschlechtsreifes männliches Rind. Als Ochsen bezeichnet man heute ein kastriertes männliches Rind.
Der Ochse gilt allgemein als sehr gutmütig und wird gerne in der Landwirtschaft als Zugtier eingesetzt; auch ist sein Fleisch sehr wohlschmeckend.

Das Wildschwein

Frische Kinder, Mutter Bache,
Vater Keiler oder Schwein:
Das können nur die Borstentiere
von Familie Schwarzwild sein.

Dieser markante Vers fasst die Familie der Wildschweine, die bei uns auch Schwarzwild heißen, zusammen:

Frische Kinder	=	Frischlinge, die »Ferkel« der Wildschweine
Bache (Sau)	=	Mutterschwein
Keiler (Schwein)	=	Vaterschwein
Schwarzwild	=	Wildschweine, auch kurz »Sauen« genannt

Das Reh

Die Frau des Rehbocks, Mama Ricke,
lässt nie das Kitz aus ihrem Blicke.

Rehe sind scheue, in kleinen Rudeln lebende Tiere. In der Jägersprache heißt das männliche Tier Rehbock, das weibliche Tier Ricke und das Jungtier Kitz.

Die Familie der Spechte

In Bunt, in Rot, Schwarz, Grün und Grau,
in Mittel-, Klein- und Zwergenbau,
als Brut, wie Elstern weiß am Rücken:
Familie Specht - famos im Schmücken.

In diesem Spruch sind beinahe alle Mitglieder der Spechtfamilie zusammengefasst: Buntspechte, Rotspechte, Schwarzspechte, Grünspechte, Grauspechte, Mittel- und Kleinspechte, Zwergspechte, Elster (oder Weißrücken-) spechte. Es fehlt einzig und allein der Dreizehenspecht.

Die Meisenarten

Mit Blaubart und mit Nonnenhaube,
Beutel, Schwanz, wie'n Specht im Laube,

im Kohl und Sumpf, auf Tannen, Weiden –
das Meisenvolk ist gut zu leiden.

Mit diesem Gedicht kann man sich auf einen Schlag elf der verbreitetsten Meisenarten einprägen. Es sind Blaumeise, Bartmeise, Nonnen- und Haubenmeise, Beutelmeise, Schwanzmeise, Spechtmeise, Kohlmeise, Sumpfmeise, Tannen- und Weidenmeise.

Vogelstimmen erkennen

»In den alten Zeiten, da hatte jeder Klang noch Sinn und Bedeutung … Zu dieser Zeit hatten auch die Vögel ihre eigene Sprache, die jedermann verstand …«
So beginnt das wunderschöne Grimmsche Märchen »Der Zaunkönig«, in dem sich alle Vögel versammeln, um in einem Wettstreit ihren König zu wählen. Derjenige, der am höchsten fliegt, soll König werden. Der Adler steigt am höchsten hinauf, und die Wahl scheint entschieden. Da meldet sich aus dem Unterholz ein kleiner Knirps unermüdlich zu Wort: »König bün ick! König bün ick!« Die anderen Vögel sollen ihm aus Spott den Namen »Zaunkönig« gegeben haben.

Zaunkönig

Der Zaunkönig zählt zu den kleinsten Vogelarten Europas. Er ist gerade mal 9 Gramm schwer und nur wenig größer als unser kleinster Vogel, das Goldhähn-

chen. Doch er hat eine kräftige Stimme und einen Gesang, der im Volksmund übersetzt wird mit:
König bün ick!
König bün ick!
Ja ick, ja ick! …

Buchfink

Wie bei den Menschen, so haben auch die Vögel je nach Region unterschiedliche Dialekte, die mit ihrer Umgebung und ihrer »Erziehung« zu tun haben. Es soll mittlerweile sogar Singvögel geben, die das Klingeln von Handys täuschend echt imitieren können. Vögel sind also äußerst lernfähig. Außerdem verfügen sie – so wie der Buchfink – über ein ganzes Repertoire von verschiedenen Lauten und Strophen. Ein oft zu hörender Gesang des Buchfinken kann mit diesen aus dem Volksmund stammenden Versen wiedererkannt werden:
Bin ich nicht ein schöner Buchfink?
oder:
Bin ich nicht ein schöner Unteroffizier?
oder:
S' gibt gibt gibt wieder Freibier.

Goldammer

Der Ruf der Goldammer ist ein charakteristisches »Ti-ti-ti-ti-tüüüüüüh«. Es gibt zahlreiche Volksmundverse, die das »übersetzen«. Einer davon ist dieser:
Wie wie wie hab ich dich liiiiieeb!

oder:
Wie wie wie bin ich so müüüd!

Kohlmeise

Die größte und häufigste Meisenart in Europa ist die Kohlmeise. Ihr typischer Ruf lässt sich so einprägen:
Sitz i da, sitz i da.

Haussperling

Der Haussperling, besser als »Spatz« bekannt, ist ein sehr geselliger Vogel. Sein Ruf ist ein lautes
Tschilp, tschilp.

Feldlerche

Hier kehren wir nochmals zum Märchen der Gebrüder Grimm zurück. Im »Zaunkönig« gibt es auch eine Feldlerche, die sich zu Wort meldet:
Ach, wo is dat schön!
Schön is dat, schön, schön!
Ach, wo is dat schön!

Kiebitz

Und noch ein letzter, ebenfalls im Grimmschen Märchen vorkommender Vogel: der gern auf weiten Flächen lebende Kiebitz, dessen nervöser Ruf etwa so klingt:
Wo bliew ick? Wo bliew ick?

Hase oder Wildkaninchen

Im Winter hinterlassen die Tiere im Schnee ihre Spuren. Und mancher fragt sich, von welchem Tier die ein oder andere Spur wohl stammt. Hasen- und Kaninchenspuren lassen sich so unterscheiden:
Die Hinterfußspur eines Hasens ist etwas größer als die eines Wildkaninchens. Legen Sie über die Spur eine Zündholzschachtel, und die Spur wird von dieser gänzlich bedeckt, so ist es eine Hasenspur. Eine Kaninchenspur dagegen füllt nur zwei Drittel der Schachtelbreite aus.

Zellkernteilung

***I**ch **pro**tze **m**it **a**llen **Te**ilen.*

Die Zellkernteilung erfolgt in diesen fünf Schritten:

1. **I**nterphase
2. **Pro**phase
3. **M**etaphase
4. **A**naphase
5. **Te**lophase

Die vier fettlösslichen Vitamine

EDEKA

Keine Schleichwerbung, sondern das leicht zu merkende Kunstwort für die vier fettlöslichen Vitamine E, D, K, A. Die Reihenfolge ist unwichtig.

Eine andere Möglichkeit, sich die fettlöslichen Vitamine einzuprägen:
***A**uch **d**em FETT **e**ntkommt **k**einer.*

Symbole für männlich und weiblich

Die Symbole für männlich und weiblich kann man leicht unterscheiden, wenn man sich vorstellt, das weibliche Symbol sei eine Art Handspiegel.

So heißen die Jungtiere

Welpen sind die Hundekinder,
Kälber neugebor'ne Rinder,
und die Kleinen von den Pferden
nennt man Fohlen hier auf Erden.

Die Forelle

Rund wie die Walze
und spitz wie ein Pfeil,
mit seitlichen Flecken
und schwer zu entdecken,
im Bach blitzeschnelle:
Das ist die Forelle.

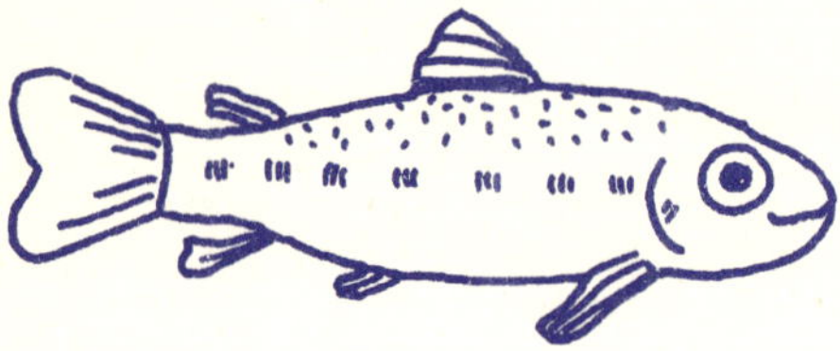

Laichzeiten von Fischen

Natürlich gibt es auch eine ganze Reihe Eselsbrücken für Angler. Hier zwei davon:

Wann laicht der Schlei?
Ab Mai.

Mit Schlei ist die Schleie gemeint, eine Karpfenart, die als Speisefisch sehr geschätzt ist.
Ganz allgemein gilt:

Warmwasser liebende Fische laichen bei warmen Temperaturen. Kaltwasser liebende Fische laichen bei kalten Temperaturen.

Nährstoffe der Pflanzen

Wer einen Garten hat, sollte die Nährstoffe kennen, die seine Pflanzen brauchen. Margarethe Chons kann weiterhelfen, denn:

***CHONS M**argarethe **k**ocht **p**rima **CaFe**.*

C = Kohlenstoff
H = Wasserstoff
O = Sauerstoff
N = Stickstoff
S = Schwefel
Mg = Magnesium
K = Kalium
P = Phosphor
Ca = Calcium
Fe = Eisen

Besonders praktisch ist an dieser Eselsbrücke, dass die Nährstoff-Elemente auch noch in der richtigen Reihenfolge auftauchen, nämlich nach der Häufigkeit und Menge, in der sie vorhanden sind bzw. gebraucht werden, damit aus Pflänzchen Pflanzen werden und alles wunderbar gedeiht.

Vorsicht beim Verdünnen der Säure!

Erst das Wasser, dann die Säure,
sonst geschieht das Ungeheure.

Schüttet man Säure ins Wasser, entsteht eine ungefährliche Lösung. Doch Vorsicht! Wenn man es umgekehrt macht, also das Wasser zur Säure dazugibt, kommt es zu einer heftigen Reaktion, bei der die Säure aus dem Gefäß spritzt und zu Verletzungen führen kann.

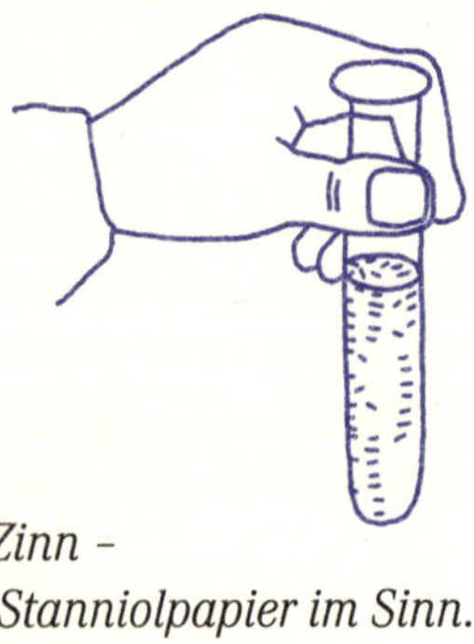

Zinn

Sn steht für Zinn –
und hat nur Stanniolpapier im Sinn.

Sn ist das chemische Zeichen für Zinn. Es leitet sich vom lateinischen »stannum« ab. Stanniolpapier ist eine dünne Zinnfolie, die früher als Verpackungsmaterial eine große Rolle spielte, heute aber meist durch Aluminiumfolie ersetzt wird.

Die Elemente des Periodensystems (1)

Welcher Schüler kann sich schon alle chemischen Elemente des Periodensystems merken? Ich konnte es nicht. Mit dem Kunstwort

HONCS

kann man sich immerhin die wichtigsten chemischen Elemente einprägen, sogar in der entsprechenden Reihenfolge ihrer Wertigkeit:

H = Wasserstoff = 1wertig
O = Sauerstoff = 2wertig
N = Stickstoff = 3- oder 5wertig
C = Kohlenstoff = 4wertig
S = Schwefel = 2-, 4- oder 6wertig

Die Elemente des Periodensystems (2)

***H**urra, **h**ier **li**egen **b**ündelweise **B**anknoten.*
***C**omisch, **n**ie **o**hne **f**alsche **N**ummer.*
***Na**türlich **m**ögen **al**le **s**olche **P**apiere **s**ehen,*
***cl**everer **A**ngeber!*

oder:
***H**allo **He**inz, **li**ebe **Be**ate, **b**itte **C**alorien **n**iemals!*
***O**hne **F**astfood **n**achts **na**ch **M**ünchen!*
***Al**le **s**olche **P**atienten **s**ehen **C**holesterin **ar**gwöhnisch.*

Mit diesen weniger leicht auswendig zu lernenden Sprüchen kann man sich die ersten 18 Elemente des Periodensystems einprägen:

H = Wasserstoff
He = Helium
Li = Lithium
Be = Beryllium
B = Bor
C = Kohlenstoff
N = Stickstoff
O = Sauerstoff
F = Fluor
Ne = Neon
Na = Natrium
Mg = Magnesium
Al = Aluminium
Si = Silicium
P = Phosphor
S = Schwefel
Cl = Chlor
Ar = Argon

Bestandteile des Messings

Zin(k + K)upfer = Messing

Durch die beiden verbundenen K's lässt sich leicht einprägen, dass Zink + Kupfer Messing ergeben und nicht wie oft angenommen, Zinn und Kupfer.

Säuren und Laugen unterscheiden

Lackmuspapier ist eine tolle Erfindung. In der Chemie kann man damit eine Säure von einer Lauge unterscheiden.
In eine Lauge gehalten, färbt sich das Lackmuspapier blau, bei einer Säure rot.

***L**auge = **bl**au*
*S**ä**u**r**e = **r**ot*

Oxidation

*Wer **ro**stet, **o**xidiert.*

Oxidationen sind die häufigsten chemischen Reaktionen. Das Rosten ist eine solche Oxidation, bei der ein chemisches Element, hier Eisen, mit Sauerstoff reagiert. Leicht zu merken, denn in beiden Wörtern steckt ein *o*. Auch das Verbrennen stellt eine Oxidation dar.

Chemische Formel für Alkohol

Formel: **$C_2 H_5 OH$**

Von rückwärts gelesen:
***H**err **O**ber **5 H**elle, **2 C**ognac!*

Chemische Formel für Wasser

Natürlich keine ernst gemeinte Empfehlung, aber ein Scherz, der sich gut einprägt:

Bist du des Lebens nicht mehr froh –
Dann stürze dich in H_2O.

Einfachzucker

Einfachzucker (auch Monosaccharide genannt) sind Zuckermoleküle, die sich aus 3–8 Kohlenstoffatomen (und zusätzlichen Wasserstoff- und Sauerstoffatomen) zusammensetzen. Gemäß der Anzahl ihrer Kohlenstoffatome spricht man von Triosen, Tetrosen, Pentosen, Hexosen, Heptosen etc.

Hexosen sind Zucker, die *sechs* Kohlenstoffatome enthalten. Es gibt mehrere Arten von Hexosen, die man sich mit dem folgenden, etwas schrägen Spruch merken kann:

***All**e **Alt**en **Gluc**ken **m**öchten **gu**t **i**m **Ga**rten **ta**nzen.*

Das sind die Hexosen im Einzelnen:

Allose
Altose
Glucose
Mannose
Gulose
Idose
Galaktose
Talose

Pentosen sind Zucker, die *fünf* Kohlenstoffatome enthalten. Verschiedene Arten von Pentosen sind in diesem verrückten Satz zusammengefasst:

***R**eiche **Ara**ber **xylo**fonieren **l**eise.*

Ribose
Arabose
Xylose
Lyyxose

Bestandteile der Erdkruste

Wenn Chemie-Professoren in der Prüfung mit

***O Sie al**tes **Fe**rkel!*

angesprochen werden, sind sie nicht gleich beleidigt. Denn sie wissen, dass es sich hierbei um eine beliebte Eselsbrücke der Studenten handelt. Auf diese Weise lassen sich die häufigsten Elemente der Erdkruste prima einprägen.
Es sind: Sauerstoff (**O**), Silicium (**Si**), Aluminium (**Al**) und Eisen (**Fe**).
Sauerstoff stellt mit 49,5 Prozent den höchsten Anteil der genannten Elemente. Danach folgt gleich Silicium mit 25,8 Prozent. Aluminium und Eisen liegen wie alle anderen chemischen Elemente der Erdkruste bei unter 10 Prozent.

Wie hart sind Mineralien?

Die Härte von Mineralien bestimmt man aufgrund der Ritzbarkeit. Es wird also geprüft, wie weit ein spitzer Gegenstand in das Mineral eindringen kann oder - anders ausgedrückt - wie groß der Widerstand des Minerals gegenüber diesem Gegenstand ist. Auf diese Weise lässt sich leicht erkennen, um was für ein Mineral es sich handelt. Der Mineraloge Friedrich Mohs hat das entdeckt. Und er hat im Jahre 1812 die nach ihm benannte MOHS-Skala entwickelt, in der die einzelnen Mineralien mit ihrem jeweiligen Härtegrad aufgeführt sind.

Doch zuerst einmal die Eselsbrücke! Die Anfangsbuchstaben der einzelnen Wörter sind gleichzeitig die Anfangsbuchstaben der Mineralien, vom niedrigsten (1) bis zum höchsten Härtegrad (10).

__T__oronto __g__irls __c__an __f__lirt, __a__nd __o__ther __q__ueer __t__hings __c__an __d__o.

Härte	Mineral		
1	**Talk**	1–2: Mit Fingernagel ritzbar	1–3: Leicht mit Messer ritzbar
2	**Gips**		
3	**Calcit** (Kalkspat)		
4	**Flussspat**	4–5: Noch mit Messer ritzbar	
5	**Apatit**		
6	**Orthoklas** (Feldspat)	6–10: Ritzen selbst Fensterglas	
7	**Quarz**		
8	**Topas**		
9	**Corundum** (Korund)		
10	**Diamant**		

DEUTSCH

Klassiker, die (fast) jeder kennt

Wer nämlich mit h schreibt, ist dämlich.

Natürlich ist niemand, der das tut, dämlich. Und es ist auch kein Zeichen von mangelnder Intelligenz. Doch mit diesem lustigen Reim lässt sich die richtige Schreibweise leicht einprägen.

***

Wer brauchen ohne »zu« gebraucht, braucht brauchen gar nicht zu gebrauchen.

***

Gar nicht wird gar nicht zusammengeschrieben.

oder:
Gar nicht schreibt man gar nicht zusammen.

***

Par(alle)l

Irgendwo wird »parallel« mit Doppel-L geschrieben. Doch wo? Mit diesem einfachen Merkbild, das das Wörtchen »alle« betont, lässt sich auch dieses schwierige Wort einprägen.

»Auf einmal« schreibt man zweimal!

»Auf einmal« wird immer getrennt geschrieben.
*Lerche schreibt man wie Vog**e**l mit »e«*
*Lärche schreibt man wie B**ä**ume mit »ä«*

***

*M**a**germ**i**lchj**o**g**u**rt*

oder:
***A**bends **e**sse **i**ch **o**ft **U**nkraut (oder **u**nmäßig)*

Wer Schwierigkeiten hat, sich die Vokale des Alphabets zu merken, findet sie alle in diesem einen Wort Magermilchjogurt versammelt. Und sogar in der richtigen Reihenfolge! Natürlich kann man auch einen ganzen Satz mit entsprechenden Anfangsbuchstaben bilden.

***

Das »s« bei »dass« muss einfach bleiben,
kannst du dafür »dieses« oder »welches« schreiben.

Ein Problem der deutschen Rechtschreibung, das vielen Schülern – auch mir früher – enormes Kopfzerbrechen bereitet(e). Als ich diesen Reim kennen lernte, war ich glücklich.

***

Den »Tiger« sprich mit langem »i«, jedoch mit »ie«
schreib ihn nie!

Im Deutschen werden nicht alle Wörter so ausgesprochen, wie sie geschrieben werden. Das Wort »Tiger« ist einer dieser Fälle.

***

Doppel-a, das ist doch klar, sind in Waage,
Haar und Paar!

***

Wenn »wider« nur dagegen meint,
dann ist das »i« dem »e« sein Feind!
Wenn »wieder« nur »noch einmal« meint,
dann sind dort »i« und »e« vereint!

Neue Rechtschreibung

Auch für die neuen Rechtschreibregeln haben sich findige Lehrer und Schüler schon ein paar Eselsbrücken ausgedacht:

Im Brief schreibt man jetzt klein:
du, dir,
euch und dein.

oder:
Du, euer, dir und dein
schreibt man jetzt auch in Briefen klein.
Sie, Ihnen und auch Ihr
aber weiter respektier.

Trenne immer s vom t,
denn das tut ihm nicht mehr weh.

***

Das Alphabet bleibt wie es war,
man schreibt es weiter mit ph.

***

Trenne nun ck
nur noch wie ch.

Kakadu und Gnu
begrüßen jetzt
das Känguru.

Schnauzen von Schnauze und Stängel von Stange –
das macht uns nicht bange!

***

Bei Schluss ist Schluss mit dem ß.

***

Herr Ober, einmal Spagetti mit Tunfisch und Ketschup!

ABC

Abcdefghijkl - mnopqr - stuvwxyz

Allen »Sesamstraße«-Fans bekannt! Versuchen Sie einmal das ABC als ein Wort zu sprechen. Es ist gar nicht so einfach und gelingt natürlich nie wirklich. Mit diesem lustigen Spiel können sich Kinder das ABC einprägen.

So geht's natürlich auch:
A, B, C und D:
Auf der Wiese wächst viel Klee.
E, F, G und H:
Und die Hasen sind schon da.
I, J, K und L:
Hasen fressen ziemlich schnell.
M, N, O und P:
Ihr Hauptgericht ist Klee.
Q, R, S und T:
Schnell rennen sie zum kleinen See.
U, V, W und X:
Auch beim Saufen sind sie fix.
Y und Z: So werden Hasen alt und fett.

Groß- und Kleinschreibung

Sei nicht dumm, und merk dir bloß:
Namenwörter schreibt man groß!

Nach das und im, vom, am, beim, zum
wird groß geschrieben das Verbum.

Wenn Verben zusammen mit diesen Wörtern auftauchen, werden sie groß geschrieben.

Satzzeichen

Da wo man redet, sagt und spricht,
vergiss die kleinen Zeichen nicht!

Die Fälle

Das Substantiv begegnet uns im Deutschen in vier verschiedenen Formen, den sogenannten Fällen (Kasus). Der Nominativ (erster Fall) antwortet auf die Frage »Wer?«, der Genitiv (zweiter Fall) auf die Frage »Wessen?«, der Dativ (dritter Fall) auf die Frage »Wem?« und der Akkusativ (vierter Fall) auf die Frage »Wen?«

Den dritten Fall kann man sich am leichtesten einprägen. Denn:
*Das **m** in »**Wem?**« hat drei (!) Häkchen oder Beine!*

Auch den ersten Fall kann man sich auf diese Weise leicht merken:
*Das **r** in »**Wer?**« hat nur ein Bein!*

Begierig, kundig, eingedenk

Begierig, kundig, eingedenk, teilhaftig, mächtig, voll -
regieren stets den Genitiv, was man sich merken soll.

Präpositionen

Von »Ausbeimit« nach »Vonseitzu« fährst immer mit dem Dativ du.

Oder, etwas weniger freundlich:
Aus, bei, mit, nach, seit, von, zu -
kennst du nicht den Dativ,
du dumme Kuh!?

Präpositionen nennt man vorangestellte Verhältniswörter. Die Verhältniswörter *aus, bei, mit, nach, seit, von, zu* werden immer zusammen mit dem Dativ, dem dritten Fall, benutzt. Die folgenden Verhältniswörter dagegen stehen immer mit dem Akkusativ, dem vierten Fall. Leicht zu merken als BUF DOG.

Bis
Um
Für
Durch
Ohne
Gegen
= ***BUF DOG***

Wie eine Rede oder ein Aufsatz zu gliedern ist

Gib zuerst das Thema an,
die Erklärung folge dann.
Weiter muss man gut begründen
und den Gegensatz erfinden.
Ein Vergleich erfolgt im Nu,
und das Beispiel kommt dazu.
Mit dem Zeugnis wird belegt,
dass zum Schluss sich Beifall regt.

Diese Empfehlung für den Aufbau einer Rede oder eines Textes geht zurück auf die Antike. Es handelt sich um eine von antiken Rhetorikern entworfene Richtlinie der Redekunst, die auch heute noch aktuell ist. Sie gliedert sich in insgesamt acht Etappen:

1. Thema
2. Erklärung
3. Begründung
4. Gegensatz
5. Vergleich
6. Beispiel
7. Zeugnis (Zitat)
8. Schluss

Noch heute kann man mit diesem einfachen Schema einen Vortrag oder Text zu fast jedem Thema aufbauen. Das gilt für die Rede zum Geburtstag des Erbonkels ebenso wie für einen wissenschaftlichen Vortrag.

ENGLISCH

Waschen auf Englisch

Ein Gedicht, das auf vergnügliche Weise die Vokabelkenntnisse erweitert:

Laundry ist die Wäsche, ein Seil is a rope,
wash that means waschen, und Seife is soap.
Collar means Kragen, ein Hemd is a shirt,
clean that means sauber, und Schmutz is dirt.
Iron means plätten, und trocken is dry,
stockings are Strümpfe, und färben is dye.

Plural (1)

Es pluralt ja der Englischmann
mit schlichtem »s«, so lang er kann.
Dem Zischlaut nur tut's »s« so weh,
drum schieb im Plural ein ein »e«.
Und als Exempel merke dir
die folgenden Vokabeln hier:
match and matches,
glass and glasses,
box and boxes,
watch and watches.

Meistens ist es im Englischen ja so, dass der Plural (Mehrzahl) eines Wortes durch die Anhängung eines »s« gebildet wird. Doch es gibt auch Ausnahmen, wie sie hier im Gedicht benannt sind.

Ich bin, du bist, wir sind

Ich bin, du bist, wir sind -
dies lernen wir als Kind.
Auf Englisch lernen's manche nie -
es sind die Formen von »to be«
I am ..., you are ..., he is ..., we are ...
für viele ist es sonnenklar!

Persönliche Fürwörter

»My« heißt »mein« und
»your« heißt »dein«,
»her« heißt »ihr« und
»his« heißt »sein«!

He, she, it

He, she, it -
ein »s« muss mit!

Bei den Verben in der dritten Person Singular wird grundsätzlich ein »s« angehängt.

Beispiel:
»He drinks«, nicht »He drink«

Sun/son

*A s**o**n is a b**o**y.*

Sun (Sonne) und son (Sohn) werden gleich ausgesprochen. Das gemeinsame »**o**« in son und boy hilft beim Unterscheiden.

Become/get

When do I become a beefsteak?
- I hope never, Sir.

Wie man sieht, können auch Witze gute Eselsbrücken sein. Der deutsche Tourist, der in einem Londoner Restaurant ungeduldig auf sein Beefsteak wartete, wird die Lektion gelernt haben. Denn der Kellner war keineswegs unfreundlich, als er auf die Frage: »Wann werde ich zum Beefsteak werden?« antwortete: »Ich hoffe niemals, mein Herr.«
Also: niemals »get« und »become« verwechseln! Denn

»become« kann man nicht wie das deutsche »bekommen« benutzen. Die korrekte Übersetzung von »to become« ist »werden«, »bekommen« heißt »to get«.

Orts- und Zeitangabe

Im Englischen steht - anders als im Deutschen - die Ortsangabe meistens vor der Zeitangabe.

Beispiel:
My father was in Berlin yesterday.

Falsch wäre:
My father was yesterday in Berlin.

Die folgenden zwei Eselsbrücken, die das Alphabet (»**P**« kommt vor »**t**« und »**O**« vor »**Z**«) nutzen, sind sehr einprägsam:

***P**lace before **t**ime*

oder: ***O**rt vor **Z**eit*

Yesterday oder tomorrow

So kann man sich leicht die unterschiedliche Bedeutung von *yesterday* und *tomorrow* einprägen:

Yesterday = gestern
Tomorrow = morgen

Handlungen in der Gegenwart

Was machen wir alle Tage?
»Simple present« - keine Frage.

Diese einfache Regel zum Gebrauch des Präsens (der Gegenwartsform) im Englischen braucht keinen weiteren Kommentar. Nur so viel: Auch bestimmte Signalwörter wie »always«, »usually« und »normally« deuten hin auf die Verwendung der Gegenwartsform.

Handlungen in der Vergangenheit

Yesterday, ago and last
erfordern stets das simple past.

oder auf Englisch:
Yesterday, ago and last
you should always use the past.

Yesterday, ago und last sind Signalwörter für in der Vergangenheit angesiedelte Handlungen und Vorgänge und demzufolge immer zusammen mit der Vergangenheitsform zu gebrauchen.

Die Verwendung von »if«

*Wenn **falls** du setzen kannst,*
*in Englisch »**if**« du nehmen darfst.*

Wann wird im Englischen »if«, wann »when« verwendet? Zwei Wörter, die oft verwechselt werden, weil sie beide mit dem Wörtchen »wenn« ins Deutsche übersetzt werden. Wie kann man der Verwirrung denn nun entgehen?
Einfache Regel: Wenn in einem Satz das deutsche »wenn« durch »falls« ersetzt werden kann, dann wird das englische »if« gebraucht.

Much oder many?

»Much« und »many« werden zuweilen verwechselt. Dabei wird »many« nur bei Substantiven verwendet, die zählbar sind. Ähnlich wie im Deutschen: »viel Salz«, aber »viele Birnen«. Gut zu merken mit diesem Reim:

Lassen sich Nomen zählen?
Many wählen!

Beispiele:
many cars – viele Autos
much water – viel Wasser
much snow – viel Schnee

Since/for

Bei »since« ist der Punkt auf dem »i«.
Bei »for« dehnt sich der Raum im »o«.

Ein Bild, das hilft, um »since« und »for« zu unterscheiden. »Since« drückt einen Zeitpunkt aus, seit dem etwas geschieht oder ist. »For« bezieht sich auf einen Zeitraum, während dessen etwas geschieht.

Beispiele:
He has been in Spain since last year.
aber:
He has been in Spain for a long time.

Who/which

*wh**o** = Pers**o**n*
*wh**i**ch = T**i**er, D**i**ng*

Die zwei Fragewörter »who« und »which« werden oft verwechselt, was diese Eselsbrücke verhindern helfen möchte.
»Who« bezieht sich nur auf Personen. »Which« bezieht sich auf Tiere und Dinge.

Beispiel:
The man who …
The book which …

Plural (2)

Bei englischen Wörtern, die auf »fe« enden, wird das »f« im Plural zum »v«. In unserem Reim ist das *wife* (Frau) – *wives* (Frauen) und *knife* (Messer) – *knives* (Messer).

Ehefrauen und auch Messer
finden »v« im Plural besser!

Plural (3)

Wenn es sich um den Plural handelt,
wird »y« in »ie« verwandelt,
aber nach »a«, »e«, »o«, »u«
bleibt das »y« in Ruh'.
Und als Exempel merke dir
die folgenden Vokabeln hier:
Story and stories,
baby and babies –
but: toy and toys,
day and days.

Who? Where?

The question »who« – The answer »you«.
The question »where« – The answer »there«.

FOTOGRAFIE

Wenn Sonne lacht,
dann Blende acht.

Eine Faustregel für das Fotografieren: Bei sehr guten Lichtverhältnissen und Sonnenschein empfiehlt es sich, am Fotoapparat die Blende 8 einzustellen.

Ein Foto, welches transparent,
man wegen ***D****urchsicht* ***D****ia nennt.*

FRANZÖSISCH

Männlich und weiblich

Männlich ist die Endung »age«,
ausgenommen sind image,
und la plage, la rage, la cage.
Feminina kennt man schon
an der Endung »eur« und »son«;
auch die Endung »ée« und »té«
meist als weiblich man anseh.

Ein winziger Unterschied: Où (wo) und ou (oder)

Der winzige Unterschied ist der von vielen Schülern gefürchtete »accent grave«, ein kleiner, nach links gerichteter Akzent über dem Buchstaben. Doch winzige Unterschiede haben manchmal eine entscheidende Wirkung: »où« heißt »wo«, und »ou« heißt »oder«.
Kein Problem mit diesen Eselsbrücken:

Das »où« als »wo« hat einen Floh.

oder:
Auf dem »où« als »wo« sitzt ein kleiner Floh.

oder:
Auf der »Oder« schwimmt kein Graf.

oder:
Auf der Oder schwimmt kein Balken.

oder:
Der Accent grave steht »wo«?

Die Cedille

Hat das ç einen Haken dran,
nimmt es gleich den s-Laut an.

Das »ç« nennt man auch Cedille. Dieser kleiner Haken entstand vor vielen Jahrhunderten aus einem kleinen angehängten »s«. Und man spricht es auch so aus: Aus dem gesprochenen »k« wird durch die Cedille ein gesprochenes »s«.

Vokabeltraining leicht gemacht!

Wohlklingende Zahlen (1)
Un, deux, trois,
je m'en vais au bois.
Quatre, cinq, six,
cueillir des cerises.

Wohlklingende Zahlen (2)
Un, deux, trois:
Ça, c'est mois.
Quatre, cinq, six:
J'aime Alice.
Sept, huit, neuf:
Neuf, c'est neuf.
Dix, onze, douze:
J'aime Toulouse.
Treize, quatorze et quinze et seize:
J'aime aussi la mayonnaise.
Dix-sept, dix-huit, dix-neuf et vingt:
Voilà les nombres, c'est la fin!

***

Le bœuf – der Ochs,
la vache – die Kuh,
ferme la porte –
die Tür mach zu!

***

Voulez-vous (wollen Sie …?) – Non, monsieur …
Voulez-vous Kartoffelsupp
avec verbrannte Klöß?
Non, monsieur, je danke vous,
je n'ai pas appétit dazu.

***

Und hier die süddeutsche Variante:
Voulez-vous Kartoffelsupp
avec a bissel Käs?

Non monsieur, je danke vous,
der Käs isch mir zu räs.
Wobei »räs« so viel bedeutet wie »scharf«.

***

»Hôtel de ville« = das Rathaus kann leicht mit dem Hotel für durchreisende Gäste verwechselt werden.
Im »hôtel« findet man Betten zum Pennen,
im »hôtel de ville« nur Beamte, die rennen.

***

Se coucher heißt: zu Bette gehen,
se lever heißt: früh aufstehen,
se fier à heißt: einem trauen,
se défier de: weckt Misstrauen.

***

Das Wort »à« weist
die Richtung, in die
eine Bewegung geht:
À Paris, à Paris,
Sur mon petit cheval gris,
à Rouen, à Rouen
sur mon petit cheval blanc.

Etes/sont
Ihr seid - vous êtes,
sie sind - ils sont,
der Kreis ist rund,
le cercle est rond.

»Toujours« immer mit s

Toujours a toujours un »s«.

Da es nicht mitgesprochen wird, wird das »s« beim Schreiben oft vergessen.

Verkürzung zu au/du

»À« und »le« -
oh, welch ein Graus,
mach »au« daraus!

Wenn »à« und »le« zusammentreffen, wird ein »au« daraus.

***

Wer »à le« sagt und »de le«,
der kriegt was mit der Elle.

Weil nämlich »à« + »le« = »au« werden,
und »de« + »le« = »du«.

Aussprache des »g«

Vor e und i sprich »sche« und »schi«,
vor a und o sprich »ga« und »go«.

Die Aussprache des »g« ist im Französischen abhängig vom nachfolgenden Vokal. Zum Beispiel wird das »g« bei »collège« als »sch« gesprochen. Beim Wort »gourmet« bleibt es beim einfachen »g«.

Lui/leur + Akkusativ

Es gibt kein »lui le« und kein »leur le«;
denn das tut weh dem Öhrle.

Oder – leicht abgewandelt:
Es gibt kein »lui le« und kein »leur le«;
sonst gibt's was mit dem Röhrle.

Wenn die Dative »lui« und »leur« mit den Akkusativen »le«, »la« oder »les« aufeinandertreffen, ändert sich die Satzfolge. Zum Beispiel heißt es: »Il la lui donne.« (Er gibt es ihr/ihm). Falsch wäre: »Il lui la donne«.

GARTENTIPPS

Soll der Samen schneller sprießen,
musst du vor dem Säen gießen.

***

Siehst du die Schmetterlinge tanzen,
kannst du draußen pflanzen.

***

Willst Gerste, Erbsen, Zwiebeln dick,
so säe sie an Benedikt! (21. März)

***

Hat St. Peter (27. April) das Wetter schön,
kannst du Kohl und Erbsen säen.

***

Zucker mit Petroleum – Ameis' kehrt schon um.

***

Wer Rüben will, recht gut und zart,
säe sie an Maria Himmelfahrt. (15.August)

***

Tomaten beim Kohl – Raupen, lebt wohl.
Wer Tomaten in die Nähe des Kohls pflanzt, vertreibt die Raupen.

Asche macht der dicksten Laus
auf die Dauer den Garaus.

***

Bitte, Gärtner, rupfe nie ein Blatt ab vom Sellerie.
Die Knollen des Sellerie benötigen die Blätter für ihre Nährstoffversorgung.

***

Sankt Ambrosius (4. April)
man Zwiebeln säen muss.

***

Leinsamen säen an Ezechiel,
dem 100. Tag nach Neujahr,
so gedeiht er wunderbar.

***

Wenn sich naht St. Stanislaus (7. Mai),
rollen die Kartofflen raus.

***

Wer auf Benno (16. Juni) baut, kriegt auch viel Kraut.

***

Sankt Johannis (24. Juni) Regengüsse
verderben uns die besten Nüsse.

***

Ist's Lorenz und Bartel (24. August) schön,
bleiben die Kräuter noch lange stehn.

GEOGRAFIE und GEOLOGIE

Die vier Himmelsrichtungen

Wer Schwierigkeiten hat, sich die vier Himmelsrichtungen zu merken, prägt sich einen dieser Sätze ein:

***W**asche **n**ie **o**hne **S**eife.*

oder:
***N**iemals **o**hne **S**eife **w**aschen.*

oder:
***N**icht **o**hne **S**trümpfe **w**andern.*

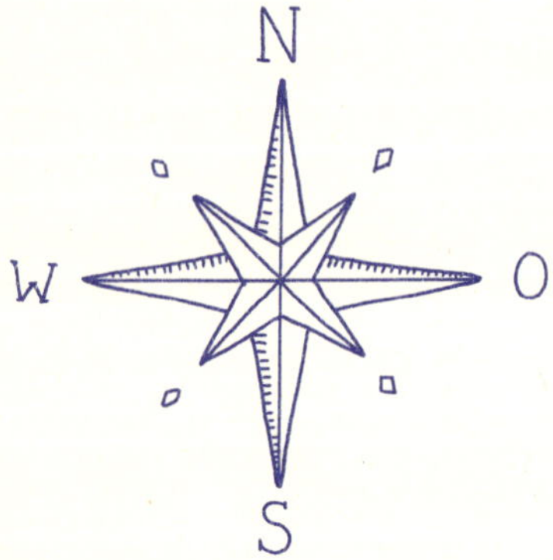

Die Himmelsrichtungen **N**orden, **O**sten, **S**üden, **W**esten (im Uhrzeigersinn) erschließen sich aus den Anfangsbuchstaben. Eine andere Möglichkeit: das Wort

WO merken. So erhält man schon einmal die waagerechte Achse: Westen und Osten. Noch eine letzte Alternative:

Norden, Ost, Süden, Westen
Meine Uhr, die geht am besten!

Passau, die Drei-Flüsse-Stadt

Inn vom Süden, Ilz vom Nord
treffen sich am gleichen Ort.
Mit der Donau geht's bergab
bis zum Schwarzen Meer hinab.

Mit dem hier genannten Ort ist natürlich die Stadt Passau gemeint, die auch die Drei-Flüsse-Stadt genannt wird, weil hier Inn, Ilz und Donau zusammenfließen und als Donau ins Schwarze Meer münden.

So entsteht die Donau

Brigach und Breg
bringen die Donau zuweg'.

Die Donau ist der zweitgrößte Strom Europas. Er entsteht aus dem Zusammenfluss der beiden Schwarzwaldflüsschen Brigach und Breg bei Donaueschingen.

Die Nebenflüsse der Donau

Iller, Lech, Isar, Inn
fließen rechts zur Donau hin,
Altmühl, Naab und Regen
kommen links entgegen.

Das sind die sieben Flüsse, die in Deutschland in die Donau fließen. Iller, Lech, Isar und Inn strömen von rechts zur Donau hin – von Süden! Altmühl, Naab und Regen kommen von links – aus der entgegengesetzten Richtung, von Norden. Die Richtungsangaben beziehen sich auf einen gedachten Blick flussabwärts.

So entsteht die Weser

Wenn Werra sich und Fulda küssen
und ihren Namen lassen müssen,
entsteht durch diesen dicken Kuss
so nebenbei der Weserfluss.

Mit diesen originellen Versen wird beschrieben, dass die Weser aus dem Zusammenfluss von Werra und Fulda entsteht.
Ein solcher Vers ist eingemeißelt im so genannten Weserstein, der 1899 an der »Weserspitze« in Hannoversch-Münden aufgestellt wurde. Die Weser fließt dann Richtung Nordwesten, bis sie schließlich bei Bremerhaven in die Nordsee mündet.

Die Himmelsrichtungen und der Sonnenstand

Wer nicht genau weiß, wo welche Himmelsrichtung ist, merkt sich diese einprägsamen Verse:

Im Osten geht die Sonne auf,
im Süden nimmt sie Mittagslauf,
im Westen sagt sie »Gute Nacht!«,
im Norden sie uns niemals lacht.

Wolkenformen

Cirrus, Stratus, Cumulus und Nimbus

Wolken bestehen aus feinsten Wassertröpfchen oder Eiskristallen. Sie sind typische Kennzeichen der jeweiligen Wetterlage und können die Wetterentwicklung anzeigen. Und sie können klassifiziert werden. Die erste Klassifikation geht auf den englischen Admiral Luke Howard zurück, der im Jahre 1803 bereits vier Wolkenarten unterschied: Cirrus (Federwolken), Stratus (Schichtwolken), Cumulus (Haufenwolken) und Nimbus (Regenwolken). Heute unterscheidet man noch viel mehr Wolkenformen. Es sind Wolken mit so komplizierten Namen wie Cirrocumulus, Cirrostratus, Altocumulus, Altostratus, Stratocumulus, Nimbostratus, Cumulonimbus. Wer genauer hinsieht, der wird feststellen, dass diese zusammengesetzten Wolkennamen alle einen oder zwei der Howardschen Begriffe im Namen tragen. Das ist natürlich kein Zufall. Howards Einteilung von 1803 blieb bis heute die Grundlage aller Klassifizierungen.

Alle bisher namentlich aufgezählten Wolken sind die Grundarten der Wolkenformen - auch Gattungen genannt. Diese gliedern sich noch weiter auf, in zahlreiche *Arten*, *Unterarten* und *Sonderformen*. Entscheidend dabei ist neben der Form und Größe die Beschaffenheit und die Höhe der Wolke.

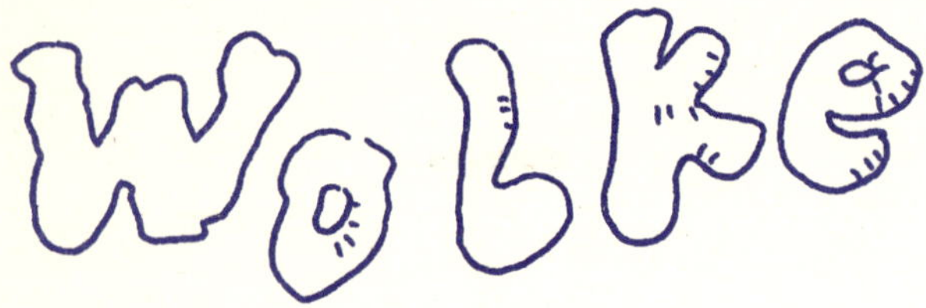

Granit und seine Bestandteile

Feldspat, Quarz und Glimmer -
die drei vergess ich nimmer!

oder:
Im Granit, dies vergess ich nimmer,
sind Feldspat, Quarz und Glimmer.

Das sind die drei Hauptbestandteile, aus denen sich das häufigste Gestein der Erdkruste, der Granit, zusammensetzt. Granit wird aufgrund seiner hohen Widerstandsfähigkeit gern beim Straßen- und Hausbau verwendet.

Mittelamerika kurz gefasst

MEGUSA HONICOPA

Das ist kein neu entdecktes Insekt, das sind die aneinander gereihten Anfangsbuchstaben der Staaten Mittelamerikas, die auf der mittelamerikanischen Landbrücke liegen, gesehen von Nord nach Südost:

ME = Mexiko
GU = Guatemala
SA = (El) Salvador
HO = Honduras
NI = Nicaragua
CO = Costa Rica
PA = Panama

Ostfriesische Inseln

Diese Eselsbrücken helfen dabei, sich die größten ostfriesischen Inseln in der richtigen Reihenfolge von Osten nach Westen einzuprägen:

*Welcher **S**eemann **l**iegt **b**ei **N**anni **i**m **B**ett?*

Die jugendfreie Version:
*Welcher **S**eemann **l**iegt **b**is **N**eun **i**m **B**ett?*

oder:
*Welcher **S**eemann **l**iegt **b**ei **N**acht **i**m **B**ett?*

Die größten Ostfriesischen Inseln heißen:
Wangerooge, **S**piekeroog, **L**angeoog, **B**altrum, **N**orderney, **J**uist, **B**orkum.

Auch eine andere Möglichkeit soll nicht verheimlicht werden. Wenn man die ersten zwei (bei **Spie**keroog vier) Anfangsbuchstaben der Inseln zu einem Wort zusammensetzt, diesmal aber in umgekehrter Reihenfolge – von West nach Ost – erhält man dieses einprägsame Wort:

BOJUNO BALASPIEWA

Westfriesische Inseln

Schiermonnikoog und Ameland,
am dichtesten am deutschen Strand.
Terschelling, Vlieland, dann Texel,
spätestens da in Gulden wechsel.

Das sind die westfriesischen Inseln von Ost nach West. Schiermonnikoog liegt noch ganz nah an der deutschen Grenze. Die 22 Kilometer lange und bis zu 9 Kilometer breite Insel Texel ist die größte und westlichste der westfriesischen Inseln. Texel ist nur zwei Kilometer von der niederländischen Küste entfernt. Doch das Wechseln in Gulden erübrigt sich natürlich mittlerweile, da auch die Niederlande die Euro-Währung eingeführt haben.

Die größten Städte Thüringens

Gut, Junge, wir essen gleich etwas!

Die Anfangsbuchstaben sind auch die der größten Städte Thüringens, geordnet von Ost nach West:
Gera, **J**ena, **W**eimar, **E**rfurt, **G**otha, **E**isenach

Die höchsten Berge

Zugi, Glocki, Monti, Evi

Zugi	=	Zugspitze (Deutschland)	2962 m
Glocki	=	Großglockner (Österreich)	3798 m
Monti	=	Montblanc (Europa)	4807 m
Evi	=	Mount Everest (Welt)	8850 m

Seen in den USA und in Kanada

Eine Eselsbrücke für die fünf großen Seen im Grenzgebiet zwischen den USA und Kanada:

***Ober**kellner **Mich**aels **hur**tiger,*
***ehr**licher **On**kel.*

Und die Aufschlüsselung:

Ober = Oberer See

Mich	=	Michigan-See
hur	=	Huron-See
ehr	=	Erie-See
on	=	Ontario-See

Stalagmiten und Stalagtiten

In Höhlen trifft man zuweilen auf bizarre Gesteinsformen. Dazu zählen die aus Kalk bestehenden Tropfsteine, die sich von der Höhlendecke aus bilden. Man unterscheidet die von der Decke hängenden spitzen *Stalaktiten* von den ihnen auf dem Boden entgegenwachsenden stumpfen *Stalagmiten.* Irgendwann kann es sogar passieren, dass sie zu einer Säule zusammenwachsen.
Zwei Fachbegriffe, die jedermann gerne verwechselt. Da helfen nur ein paar Eselsbrücken:

*Stala**g**miten stehen auf dem Unter**g**rund.*
*Stala**k**titen hängen von der Dec**k**e.*

oder:
*Stalag**t**iten wachsen in die **T**iefe.*

Eine Variante:
Das gm in der Wortmitte von Stalagmit ist klein und knubbelig wie der stumpfe Tropfstein auf dem Boden, die Buchstabenkombination kt in Stalagtit lang und spitz wie der Tropfstein, der an der Decke hängt.

Wahrzeichen von Rio de Janeiro

Steht Rio gut, der Zuckerhut

Der 395 Meter hohe Zuckerhut ist das Wahrzeichen von Rio de Janeiro (Brasilien).

Die vier Hauptinseln Japans

Honny** der **Kiebitz
*fährt **Ski** nur in **Hocke**.*

Aufschlüsselung:

Honny	=	Honshu
Kiebitz	=	Kyushu
Ski	=	Shikoku
Hocke	=	Hokkaido

Die vier Eiszeiten im Alpenraum

Im Alpenraum unterscheidet man vier Eiszeiten, benannt nach Nebenflüssen der Donau und Isar: Günz-, Mindel-, Riss- und Würmeiszeit.
Wer sich den folgenden ungewöhnlichen Satz merkt, hat's leichter:

Günstig mindern Risse Würmer.

Geografische Umrisse

Wie kann man sich die Umrisse von Ländern am besten merken? Man vergleicht sie einfach mit Formen bekannter Figuren und Bilder. Den Stiefel Italiens kennt jeder. Weitere kann man sich mit ein wenig Fantasie und Vorstellungsvermögen selbst ausdenken. Hier nun erst einmal das bekannteste Beispiel: der hochhackige italienische Stiefel, der mit seiner Stiefelspitze den »Stein« Sizilien berührt:

Italien

Iberische Halbinsel

Die Iberische Halbinsel sieht aus wie ein großer Kopf, dessen Gesicht (Portugal) nach Westen blickt:

Frankreich
sieht aus wie ein Sechseck:

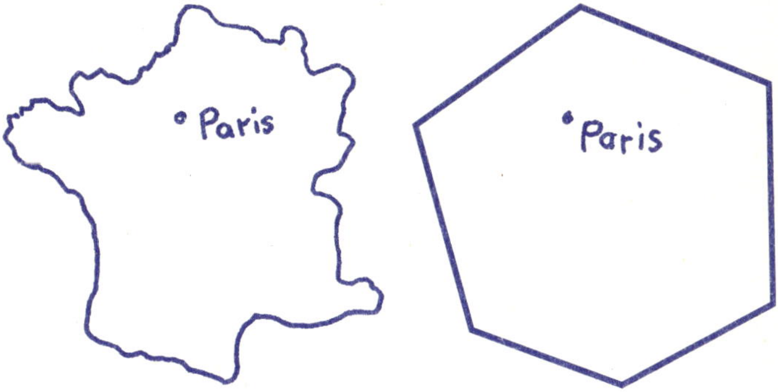

Skandinavien
gleicht einem Hund:

Griechenland
ähnelt einer Hand:

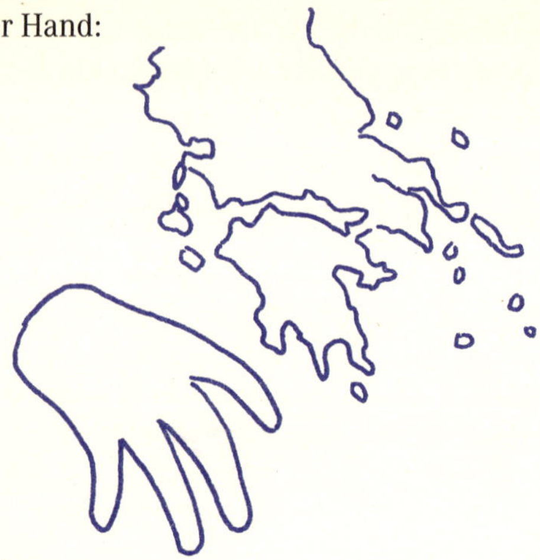

Südamerika
könnte man sich als
riesige Eistüte vorstellen:

Bodensee

Der Umriss des Bodensees erinnert grob an die Handpuppe eines Krokodils, wie man es aus dem Kasperletheater kennt:

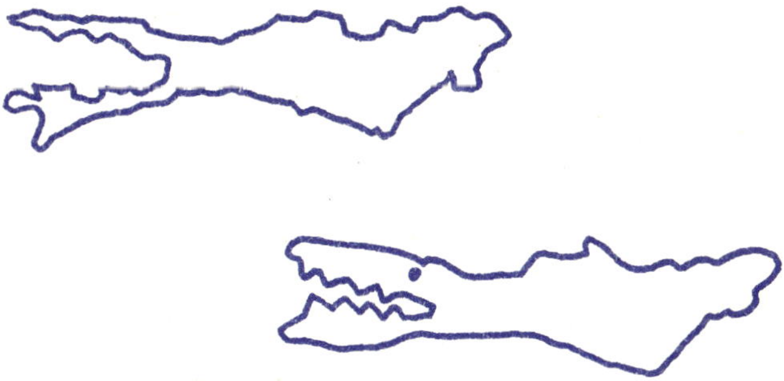

Ostsee

In den Umrissen der Ostsee erkennen manche Zeitgenossen einen knieenden Mönch, der die Hände zum Gebet faltet:

GESCHICHTE

Der Sieg Alexanders des Großen

Drei, drei, drei:
Bei Issos Keilerei

333 schlug Alexander der Große den Perserkönig Darius III. bei Issos (heute in der südöstlichen Türkei). Die Schlacht war aufsehenerregend, weil die unterlegenen Perser zahlenmäßig weit überlegen waren. Die historische Schlacht wurde von Albrecht Altdorfer 1529 in einem Monumentalgemälde verewigt, das heute in der Neuen Pinakothek in München zu bestaunen ist.

Antike griechische Staaten

SKAT

Mit dieser Eselsbrücke merkt man sich die vier wichtigsten Staaten der klassischen Periode Griechenlands. Es sind:

Sparta
Korinth
Athen
Theben

Der Untergang Ninives

Sechs, eins, zwei:
Mit Ninive vorbei

Ninive war eine altorientalische Stadt am Tigrisufer, heute im Irak gelegen. Zerstört wurde sie 612 v. Chr. durch die Heere der Babylonier und Meder.

Gründung Roms

Sieben, fünf, drei:
Rom kriecht aus dem Ei!

Die italienische Hauptstadt ist einer Sage zufolge 753 v. Chr. von Romulus gegründet worden. Romulus und sein Zwillingsbruder Remus sollen der Sage nach kurz nach der Geburt auf dem Tiber ausgesetzt, von einer Wölfin gesäugt und von einem Hirten aufgefunden und aufgezogen worden sein.

Das Leben des Julius Caesar

Vor Christus Einhundert:
Klein Caesar wird bewundert.

100 vor Chr. wird Gaius Julius Caesar geboren.

Brutus packten Neid und Gier,
im Iden Märzen vierzig vier.

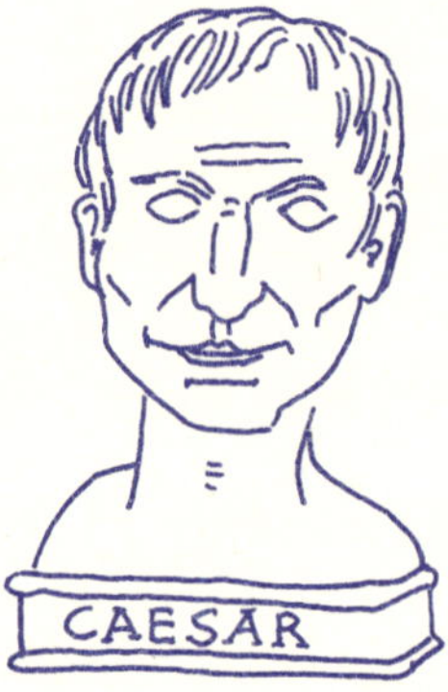

»Auch du, mein Sohn« sind die berühmten letzten Worte, die Caesar - in ungläubigem Entsetzen - an seinen ehemaligen Freund Brutus richtete. 44 vor Christus wurde Julius Caesar von den Verschwörern um Marcus Brutus während einer Senatssitzung hinterrücks erstochen.

Karl der Große wird zum Kaiser gekrönt

Acht - null - null:
Karl steigt auf den Stuhl!

Am 25. Dezember 800 wurde der Frankenkönig Karl der Große von Papst Leo III. in Rom zum römischen Kaiser gekrönt.

Armin (Hermann) der Cherusker

Armin schlug den Varus richtig –
neun nach Christus, das ist wichtig.

Die berühmte Schlacht im Teutoburger Wald fand 9 nach Christus statt. Der Cheruskerfürst Arminius besiegte mit seinem kleinen Germanenheer den mit drei römischen Legionen angerückten Varus. Fast alle Römer starben. Varus nahm sich das Leben. Nach dieser vernichtenden Niederlage mussten die Römer die rechtsrheinischen Gebiete Germaniens aufgeben.

Der Erfolg des Kolumbus

Acht vor fünfzehnhundert: Kolumbus wird bewundert.

1492 erreicht der 42-jährige Christoph Kolumbus mit seinen Schiffen Amerika.

Dreißig Jahre Krieg

Sechzehnhundert eins und acht:
Der Dreißigjährige Krieg erwacht!

1618 begann der Dreißigjährige Krieg, ein Religions- und Staatenkonflikt, der auf deutschem Boden ausgetragen wurde. Er endet mit dem Westfälischen Frieden im Jahre 1648.

Wichtige Daten des 18. Jahrhunderts

1729 Lessing
1749 Goethe
1759 Schiller
1769 Napoleon

Die Geburtsdaten dieser drei bedeutenden Persönlichkeiten lassen sich aufgrund der Zehnerschritte – und weil alle Daten eine 9 am Schluss haben – leicht einprägen.

Französische Revolution

Eins, sieben, acht, neun:
Frankreich kann sich freuen.

oder:
Siebzehnhundert Acht und neun
Ludwig möge uns verzeihn.

1789 begann die Französische Revolution, in deren Verlauf Ludwig XVI. und seine Frau Marie-Antoinette auf der Guillotine hingerichtet wurden.

Endlich! Die Wiedervereinigung

Nach fünfundvierzig gab's zwei Staaten,
die neunzig sich zusammentaten.

1990 kam es zur Wiedervereinigung des geteilten Deutschlands.

Wann die Schweiz gegründet wurde

Zwölf - neun - eins:
Gegründet wurd' die Schweiz.

1291 schloss sich die Schweizer Eidgenossenschaft zusammen.

Napoleons letzte Jahre

Elba, Rückkehr, Waterloo,
Helena bis Ultimo.

Die letzten Lebensstationen des französischen Kaisers Napoléon Bonaparte, der 1769 auf Korsika geboren und nach seiner Wiederkehr von der Insel Elba und der vernichtenden Niederlage bei Waterloo auf die Insel Sankt Helena verbannt wurde. Dort starb er einsam und verbittert im Jahre 1821.

Mount Rushmore

In Hitchcocks Thriller *Der unsichtbare Dritte* waren die monumentalen US-Präsidentenköpfe von Mount Rushmore in South Dakota (USA) Kulisse des atemberaubenden Finales. Wer sich merken will, welcher Präsident an welcher Stelle in den Felsen gemeißelt wurde, lernt einfach die folgende Silbenfolge:

WA JE RO LI

Washington, **J**efferson, **Ro**osevelt, **Li**ncoln

Jeder dieser Porträtköpfe ist übrigens 18,3 Meter hoch, und alle Porträts wurden in den Jahren 1927–1941 in den Granitfelsen gesprengt und gemeißelt.

GESUNDHEIT

Spürst du Zipperlein, die Gicht,
dann trink Rotwein lieber nicht!

***

Gurgel mit Salbei -
Halsweh vorbei.

***

Bier nach Wein, das lass sein!
Wein nach Bier, das rat ich dir!

***

An apple a day keeps the doctor away!

Auch neuere Forschungsergebnisse bestätigen diese Weisheit. Denn Äpfel enthalten sogenannte Flavonoide - Wirkstoffe, die antioxidative Wirkung haben. Das heißt nichts anderes, als dass sie gegen schädliche freie Radikale vorgehen.

Freie Radikale wiederum sind Stoffe, die in geringen Mengen durchaus lebensnotwendig sind, in größeren Mengen aber Krankheiten wie z. B. Krebs auslösen können. Die so wichtigen Flavonoide sind übrigens auch in Rotwein, Zwiebeln und schwarzem Tee enthalten. Sie gehören zu den so genannten Sekundären Pflanzenstoffen.

Kaiser - König - Bettelmann

Eine Ernährungsempfehlung, die wahrscheinlich schon Jahrhunderte alt ist, aus einer Zeit, als man tagsüber noch körperlich sehr harte Arbeit leisten und entsprechend gut genährt sein musste, um die Strapazen überstehen zu können. Also etwas, was bei der überwiegenden Büroarbeit heutzutage keine Rolle mehr spielen müsste - könnte man meinen. Doch manche Ernährungsexperten empfehlen heute noch genau diese Regel: **Morgens frühstücken wie ein Kaiser, mittags essen wie ein König, zu Abend essen wie ein Bettelmann.** Das hilft, den Organismus von allzu viel Arbeit bei der nächtlichen Kohlenhydrat- und Fettverbrennung zu entlasten.

HAUSHALTSTIPPS

Laue Milch auf Elfenbein
gibt ihm wieder hellen Schein.

So reinigt man die Tasten bei älteren Klavieren am besten.

***

Bimsstein nimmt gar manchen Fleck
von den Fingern wieder weg.

***

Auf dem Parkett den Tintenfleck
bringt Zitrone wieder weg.

***

Nasse Pullover auf den Bügel?
So was verdient eine Tracht Prügel!

***

Omas Schmuckstück aus Granaten
wird durch Kleie neu geraten.

Wenn der Schmuck mit Kleie (Getreidekeimlinge und Schalen) eingerieben wird oder in einem Beutel damit kräftig durchgeschüttelt wird, sieht er danach wieder wie neu aus.

Fensterputz bei Sonnenschein
bringt dir nur Enttäuschung ein.

***

Ameisen im Haus?
Verstreute Gewürznelken
treiben sie wieder raus.

***

Liegt Schnee im Garten weit und breit,
ist die beste Teppichklopferzeit.

***

Ein altes Hausrezept für die Reinigung von Spielkarten:

Kölnischwasser lässt den
alten Joker wieder jung werden.

***

Essigwasser nimmt den Fleck
von dem Duschvorhang ganz weg.

***

Minze- und Lavendelstrauß
macht Mücken und Fliegen den Garaus.

Aufgehängte Minze- und Lavendelsträußchen oder vor das Fenster gepflanzter Lavendel halten Fliegen und Mücken fern. Die Plagegeister können das Kraut buchstäblich »nicht riechen« und ergreifen die Flucht.

ITALIENISCH

Qui und qua

Auf qui und auf qua,
l'accento non va.

Die italienischen Wörter »qui« und »qua« werden immer ohne Akzente geschrieben.

La (dolce) vita

Geburt ist nascita,
der Tod ist la morte;
dazwischen la vita - die wichtigsten Worte!

Die ewige Stadt

Liest du den Liebesgott verkehrt,
wird seine Hauptstadt dir beschert.

»Amor« wird rückwärts gelesen zu »Roma«, der Hauptstadt des modernen Italien ebenso wie der antiken Republik - und die Stadt der Liebe.

KOCHEN

Die Zitrone, hart gerollt,
ist dem Koch besonders hold.

Eine derart behandelte Zitrone gibt mehr Saft ab.

***

Von der Zitrone etwas Saft
gibt der Sahne Halt und Kraft.

***

Mehlteig wird, wie es gebührt,
immer kalt nur angerührt!

***

Eier platzen nicht beim Kochen
wenn vorher Löcher eingestochen.

oder:
Das Ei platzt auf beim Kochen
wenn zuvor kein Loch gestochen.

***

Ein paar Körner im Fass:
Salz bleibt locker, wird nicht nass.

Das gilt auch für Salzstreuer.

Kocht das Wasser über
gib ein kaltes Glas Wasser drüber.

***

Um zu testen, wie weit ein Steak durchgebraten ist, hilft ein einfacher Trick, der mit dieser Eselsbrücke erinnert werden kann:

Prüf Wange, Nase und Kinn!

Das Fleisch wird mit dem eigenen Körper verglichen. Durch leichten Druck stellt man fest, ob es weich ist wie die Wange (dann ist noch blutig), so weich wie die Nasenspitze (dann ist es innen noch rosa) oder sich so hart anfühlt wie das eigene Kinn. Im letzten Fall ist das Steak »durch«.

***

So hält man Käse frisch:

Käse bleibt frisch - mach den Versuch -
im salzig-feuchten Leinentuch.

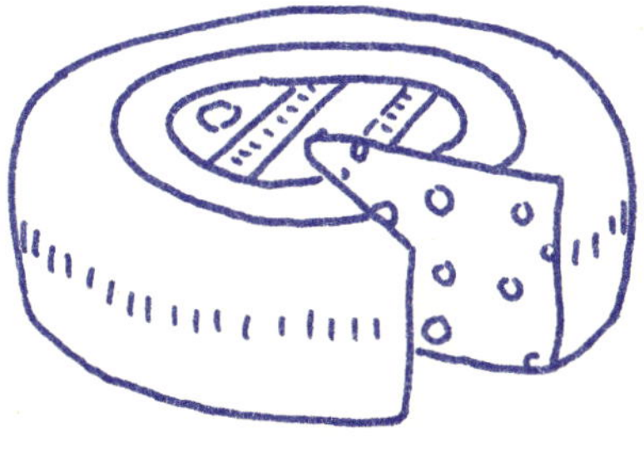

KUNST UND KULTUR

Die sieben Weltwunder

TELEKOST PYGAMA

oder:
PYLEKOMA ARZEHA

Die sieben Weltwunder der Antike sind:
TE = Artemis-**Te**mpel in Ephesus (Griechenland)
LE = **Le**uchtturm von Pharos bei Alexandria (Ägypten)
KO = **Ko**loss von Rhodos (Griechenland)
ST = Zeus-**St**atue des Phidias in Olympia (Griechenland)
PY = **Py**ramiden von Gizeh (Ägypten)
GA = Hängende **Gä**rten der Semiramis in Babylon (heutiges Irak)
MA= **Ma**usoleum von Halikarnassos (Türkei)

Die Pyramiden von Gizeh sind die letzten noch erhalten gebliebenen dieser sieben Weltwunder. Alle anderen sind durch Kriege, Erdbeben u.a. zerstört worden. So gibt es z.B. vom 100 Meter hohen Leuchtturm von Pharos, der der erste Leuchtturm der Welt gewesen sein soll, und von der 12 Meter hohen Zeusstatue des Phidias, des berühmtesten Bildhauers der Antike, nur noch antike Darstellungen. Vom Koloss von Rhodos, einer etwa 35 Meter hohen Bronzestatue, die im Hafen von Rhodos gestanden haben soll, existiert noch nicht einmal eine einzige antike Darstellung. Der Legendenbildung sind also Tür und Tor geöffnet, und so finden wir in der Kulturgeschichte zahlreiche Abbildungen der Weltwunder ohne jeden historischen Bezug.

Die neun Musen

Musen nannte man in der Mythologie des antiken Griechenlands die Schutzgöttinnen der Künste und des geistigen Lebens. Die Damen, von denen es insgesamt neun gibt, sind allesamt Töchter des Zeus und seiner Geliebten Mnemosyne. Sie sind versammelt in einer Eselsbrücke namens

KLIOMETERTHAL
EUER URPOKAL

KLIO = Klio (Geschichte)
ME = Melpomene (Tragödie und Trauergesang)
TER = Terpsichore (Tanz)
THAL = Thalia (Komödie, Lustspiel)
EU = Euterpe (Instrumentalmusik)
ER = Erato (Liebeslyrik)
UR = Urania (Sternkunde)
PO = Polyhymnia (Musik, ernster Gesang)
KAL = Kalliope (epische Dichtung)

Die sieben Weisen

Die Kultur der Antike wirkt bis heute fort. Als die »sieben Weisen« bezeichnet man nicht nur eine Gruppe von legendären Persönlichkeiten der griechischen Antike, die »sieben Weisen« spielen auch in der heutigen Politik und anderen Lebensbereichen eine wichtige Rolle. In der Wirtschaft kenn wir allerdings vor allem die »fünf Weisen«, die in regelmäßigen Abständen ihre Gutachten vorlegen. Die Zahl war für die antiken Astrologen eine magische Zahl. Die Namen der sieben Weisen sind in dieser Eselsbrücke zusammengefasst:

Per**sische **Pi**lger des **Tales
***So**llen **bis** **Chi**na **Kle**ttern.*

Aufschlüsselung:
Periander *oder* **Per**iandros
(Herrscher von Korinth)
Pittakos
(Herrscher von Lesbos)
Thales von Milet
(Kaufmann, Mathematiker und Naturphilosoph)
Solon von Athen
(Dichter, Philosoph und Politiker)
Bias
(Herrscher von Priene)
Chilon von Sparta
(Politiker)
Kleobulos
(Herrscher von Rhodos)

LATEIN

Vokabeltraining leicht gemacht

Zwei Knaben machen sich den Jocus
und tranken Most im Keller.
Da mussten beide auf den Locus,
jedoch der Most war schneller.

Die zwei Vokablen iocus (Scherz) und locus (Ort) lassen sich auf diese spaßige Art leicht einprägen.

***

Os, oris ist der Mund.
Os, ossis frisst der Hund.

Viele Lateinschüler verwechseln gern diese zwei Vokabeln (Mund/Knochen).

***

Vis »die Kraft« und vis »du willst«
sonderbar sich gleichen.
Was du vi vis, glaube mir,
wirst du auch erreichen.

... »Was du *mit Kraft willst*, glaube mir, wirst du auch erreichen«, besagt dieser Spruch, der helfen soll, Verwechslungen der beiden Vokabeln zu vermeiden.

Es ging der Bauer agricola
mit seiner Frau, der femina,
über die Brücke pons
an die Quelle fons
und schnitt mit seinem culter-Messer
eine radix-Wurzel ab.

***

Lepus - ein Has'
sedebat - er saß
in via - auf der Straß',
edebat - er aß.
Quid - was?
Gramen - Gras!

***

Aqua - das Wasser,
vinum - der Wein,
lass mich in Ruhe,
blödes Latein.

Zahladverbien merken

In die Semmel biss der Kater.

semel = einmal
bis = zweimal
ter = dreimal
quater = viermal

Der Akkusativ (Vierter Fall)

Wie lang? Wie breit? Wie alt?
Wie weit? Wie hoch? Wie tief?
Verwende stets Akkusativ!

Sonderregel bei aliquis/aliquid

Nach si, nisi, ne und num
fällt der kleine Ali um.

Das unbestimmte Fürwort »aliquis«/»aliquid« (irgendwer/irgendetwas) verändert sich zu »quis«/»quid«, wenn zuvor ein *si, nisi, ne* oder *num* im Satz steht.

Allgemeine Genusregeln

Genus ist das Geschlecht. Bei der Frage, welches Geschlecht ein Wort hat, können diese Faustregeln helfen:

Die Männer, Völker, Flüsse, Wind
und Monat' Masculina sind;
die Frauen, Bäume, Städte, Land
als Feminina sind bekannt.
Was jedoch weder Frau noch Mann,
das sieht man als ein Neutrum an.

Die Schürzenbänder der Frauen
kreuzen sich auf dem Rücken,
folglich sind alle Wörter auf -x weiblich.

***

Die Ohren der Männer sind
größer als die der Frauen.
Folglich sind alle Wörter auf -or männlich.

Genusregeln bei Deklinationen

Die meisten Erwachsenen denken mit Schrecken zurück an die Mühen des Deklinierens im Lateinunterricht. Da musste viel auswendig gelernt werden – immer und immer wieder. Unter der Deklination eines Wortes versteht man eine Beugung, die das Wort in die verschiedenen Fälle setzt.

Zum Glück gibt es auch hier ein paar Eselsbrücken, die das Lernen erleichtern:

Genus, a-Deklination (erste Deklination):
Bei -a und -ae der Ersten hat
das Genus femininum satt.

***

Genus, o-Deklination (zweite Deklination):
-er, -ir und -us sind mascula,
-um steht allein als neutrum da.

oder:
Männlich sind –
leicht merk ich's mir –
die auf -us und -er und -ir.
Neutra sind hinwiederum
alle jene dann auf -um.

***

Genus, o-Deklination
– Ausnahmen:
Als weiblich humus merk als -us,
als sächlich, vulgus, virus, pelagus.

Genus, gemischte Deklination:
Für die männlichen Wörter gilt:
Bei -or, -os, -er, dann wird's recht,
setz stets das männliche Geschlecht!

Weiblich sind alle Wörter auf -is,
da -is herumgedreht si (sie) heißt.

***

Genus, u-Deklination (vierte Deklination):
Der vierten -us lass männlich sein,
doch räume -u den neutris ein.

Feminina sind auf -us:
tribus, acus,
porticus, domus,
manus, idus.

Genus, e-Deklination (fünfte Deklination):
Der fünften Wörter auf -es
bedeuten etwas Weibliches.
Nur männlich ist der Tag, dies,
und ebenso meridies.

Städtenamen immer ohne Präposition

Bei Städtenamen,
wisst ihr schon,
steht keine Präposition.

Das gilt für alle Städtenamen. Präpositionen (Verhältniswörter) erübrigen sich bei allen Orts- und Städtenamen ohne Ausnahme.

Verben (1)

»Wohin« frag stets bei contraho,
concurro, cogo, contero,
convenio, advenio,
appello, abdo, nuntio.

Es ist anders als im Deutschen. Bei diesen genannten Verben stehen in, ad und ein Städtename im Akkusativ. Die Frage, die bei diesen Verben gestellt werden muss, lautet nämlich: Wohin?

Verben (2)

Der Römer stellt die Frage »Wo?«
bei pono, loco, colloco,
statuo, constituo,
consisto und consido.

Bei all diesen Verben steht der Ablativ (Frage: Wo?).

Verben (3)

Nach ***Ost muss diese Ente.***

So kann man sich die Verb-Endungen in der Aktiv-Form gut merken (wobei dies = tis zu denken ist):
-o, -s, -t, -mus, -tis, -nt

Beispiel: amare = lieben
am-o, ama-s, ama-t, ama-mus, ama-tis, ama-nt

Adverben/Adjektive

»Sum« niemals beim Adverbium!

Was ist ein Adverb? Ganz allgemein ein »Nebenwort« oder »Beiwort« zum Verb. Es ist etwas anderes als ein Adjektiv (Eigenschaftswort). Im Deutschen ist die Unterscheidung nicht immer leicht, denn formal ist manchmal kein Unterschied zu erkennen. So kann das Wort »gut« sowohl Adverb als auch Adjektiv sein, je nachdem, in welchem Zusammenhang es steht.

Beispiel:
Die Pizza ist gut.
Die Pizza schmeckt gut.

Im ersten Fall ist »gut« ein Adjektiv, im zweiten ein Adverb. Im Lateinischen allerdings wäre hier klar zu trennen zwischen »bonus« und »bene«, denn im Lateinischen gibt es zwei Wörter, wo das Deutsche nur eines kennt. Eine kleine Hilfe ist unsere Eselsbrücke: **Sum** (»ich bin«) darf niemals mit Adverb verwendet werden.

Größen und Mengen

Magni, pluris, plurimi,
parvi, minoris, minimi,
tanti, quanti, nihili
sind für die Menge,
vergiss das nie!

Die Gegensätze »Plus« und »minus« haben ihre Steigerungsformen in »magnus« (groß) und »parvus« (klein). »Tantum« (so viel), »quantum« (wie viel) und »nihil« (nichts) drücken Mengenverhältnisse aus.

MATHEMATIK

Die vier Grundrechenarten

Eine Eselsbrücke für alle Rechenanfänger, die sich mit Algebra beschäftigen (müssen), und für alle, die sich die Ergebnisse endlich merken wollen:

A + B wird eine Summe,
A − B zur Differenz,
A × B Produkt man nennt
und A ÷ B den Quotient.

Kürzen beim Bruchrechnen

Differenzen und Summen
kürzen nur die Dummen!

oder:
Wer in einer Summe kürzt,
wird ins Binger Loch gestürzt.

Beispiel:

falsch:

$$\frac{a^2 + \cancel{a}b}{\cancel{a}}$$

richtig:

$$\frac{\cancel{a}(a + b)}{\cancel{a}}$$

Radizieren (Wurzelziehen)

Differenzen und Summen
radizieren nur die Dummen.

Aus einer Potenz oder einer Summe darf man keine Wurzel ziehen.

Beispiel:
falsch:
$\sqrt{9+16} = \sqrt{9} + \sqrt{16} = 3 + 4 = 7$

richtig:
$\sqrt{9+16} = \sqrt{25} = 5$

Berechnung einer Kugel

Innen hat die Kugelei
4/3 Pi mal r hoch drei.
Und was er auf dem Leibe hat
Ist 4 mal Pi mal r Quadrat.

Auf diese Weise kann man sich auf einen Streich zwei schwierige Formeln merken. Mit der einen berechnet man das Volumen (das Innere) einer Kugel. Die Formel lautet: $V = 4/3\,\pi r^3$.
Mit der anderen (Und was er auf dem Leibe hat/ist 4 mal Pi mal r Quadrat) erschließt man die Oberfläche einer Kugel: $O = 4\,\pi r^2$.

Berechnung eines Kreises

Einen ähnlichen Merkspruch wie den bekannten Kugelreim könnte man für die Berechnung von Kreisfläche (πr^2) und Kreisumfang ($2\pi r$) anwenden:

Innen hat die Kreiselei
einmal Pi mal r hoch zwei.
Und der Umfang von dem Kreis
ist 2 mal Pi mal r hoch eins.

Kleiner als/größer als

So kann man sich merken, dass

< = kleiner als

und

> = größer als

bedeutet:

Das <-Zeichen wird zu einem großen »K«,
wenn man es mit einem senkrechten Strich ergänzt.
Und »K« ist der Anfangsbuchstabe von »kleiner als«.

Außerdem zeigt die Öffnung des Zeichens immer in die »Größer«-Richtung.

Und/oder

Dass $\wedge$ in der Mathematik = »und« und $\vee$ = »oder« bedeutet, kann man sich auf diese Weise leicht einprägen:

$\vee$ *ist **o**ben offen. Erinnert an das Wort »**o**der«.*
$\wedge$ *ist **u**nten offen. Erinnert an das Wort »**u**nd«.*

Schnittmenge/Vereinigungsmenge

Wie merkt man sich den Unterschied zwischen
$\cap$ (Schnittmenge)
und $\cup$ (Vereinigungsmenge)?

$\cup$ *kann man sich als ein Gefäß vorstellen, in das sich etwas reinschütten und vereinigen lässt.*
$\cap$ *ist wie ein umgedrehtes Gefäß, wo das nicht möglich ist.*

Was man niemals dividieren darf

Durch Null teile nie,
das bricht dir das Knie.

Eines der wichtigsten mathematischen Verbote ist auch logisch: Durch Null kann man gar nicht teilen.

Die KLAPS-Regel

Punktrechnung vor Strichrechnung geht
Die Klammer über allen steht.

oder:
KLA*mmer* ***P****unkt* ***S****trich (****KLAPS****-Regel)*

Beispiel:
richtig: $1 + 2 \times 3 = 1 + (2 \times 3) = 1 + 6 = 7$
falsch: $1 + 2 \times 3 = (1 + 2) \times 3 = 3 \times 3 = 9$

Ar/Hektar

Hundert m^2 sind ein Ar,
zehntausend m^2 ein Hektar.

Ein Ar entspricht genau 100 m^2, ein Hektar ist das Hundertfache, nämlich 10 000 m^2.

Nanometer

Was genau ein Millimeter ist, weiß jeder. Doch bei einem Nanometer (von griechisch *nano* = Zwerg) kommt man ins Grübeln. Ein Nanometer ist ein Millionstelmillimeter oder ein Milliardstelmeter.
Eine Eselsbrücke hilft, sich das vorzustellen:

Ein Meter verhält sich zu einem Nanometer wie die Erde zu einem Golfball.

Größere Beträge

Wie viele Nullen hat eine Billion? Ganz einfach:

Der Nullen sechs hat die Million,
mit neun glänzt die Milliarde schon,
es folgt mit zwölf ihr die Billion,
zuletzt mit achtzehn die Trillion.

Die wichtigsten Längenmaße

Deka - Hekto - Kilo
Dezi - Zenti - Milli

Wer sich die lateinischen und griechischen Vorsilben in dieser Reihenfolge einprägt, kennt die gebräuchlichsten Mengenmaße.
Erste Zeile:
(Deka) mal 10, (Hekto) mal 100, (Kilo) mal 1000
Zweite Zeile:
(Dezi) durch 10, (Zenti) durch 100, (Milli) durch 1000
Beispiele:
Ein Hektoliter = 100 l, 1 Kilometer = 1000 m, 1 Milimeter = 1/1000 m

Plus/Minus beim Multiplizieren und Dividieren

+ *mal/durch* + = +
+ *mal/durch* – = –
– *mal/durch* + = –
– *mal/durch* – = +

Von Strecken, Strahlen und Geraden

Zwei Punkte begrenzen die »Strecken«,
die »Strahlen« sind einmal fixiert,
wo unbegrenzt Linien sich recken,
sind sie als »Gerade« definiert.

Strecken, Strahlen und Geraden sind drei wichtige geometrische Grundbegriffe für Linien. Hier die Aufschlüsselung des kleinen Gedichtes:

= Die Strecke hat zwei Endpunkte.

= Der Strahl hat nur an einer der beiden Seiten einen Begrenzungspunkt.

= Die Gerade hat keine Begrenzungspunkte.

Der Lehrsatz des Thales von Milet

Berühmt und im Mathematikunterricht gefürchtet ist der Lehrsatz des griechischen Mathematikers und Philosophen Thales von Milet (625–546/545 v. Chr.).
Der Lehrsatz gehört zu den Grundregeln der Geometrie, um die auch heute niemand herumkommt.
Eigentlich lautet er etwa so: »In allen rechtwinkligen Dreiecken liegt der Scheitelpunkt des rechten Winkels auf dem Halbkreis über der Hypotenuse.«
Einfacher formuliert:

Alle Winkel in einem Halbkreis sind rechte Winkel.

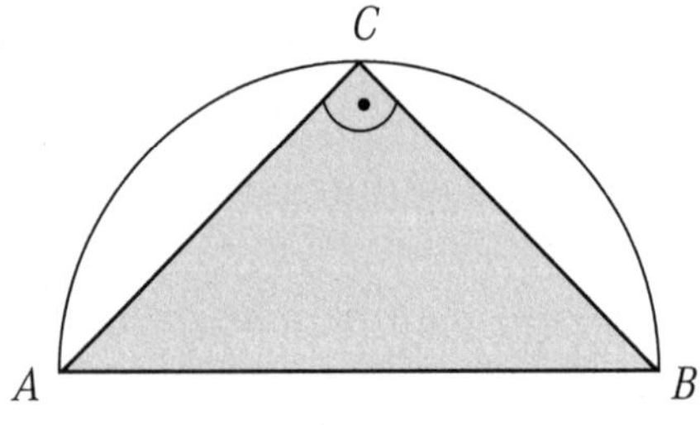

Erläuterung: a und b stehen fest. Egal, an welcher Stelle c auf dem Kreisbogen fixiert wird, es ergibt sich immer ein rechter Winkel. Ausprobieren hilft, die Sache zu glauben und zu verstehen.

Der Lehrsatz des Pythagoras

Nach Pythagoras (ca. 582–497 v. Chr.), einem antiken Mathematiker, der ebenfalls wie Thales von Milet auch Philosophie lehrte, ist im rechtwinkligen Dreieck das Quadrat über der Hypotenuse (c^2) gleich der Summe der Quadrate über den beiden Katheten (a^2 und b^2). Eine ganz wichtige Grundlage der Geometrie! Leicht zu merken als:

$a^2 + b^2 = c^2$

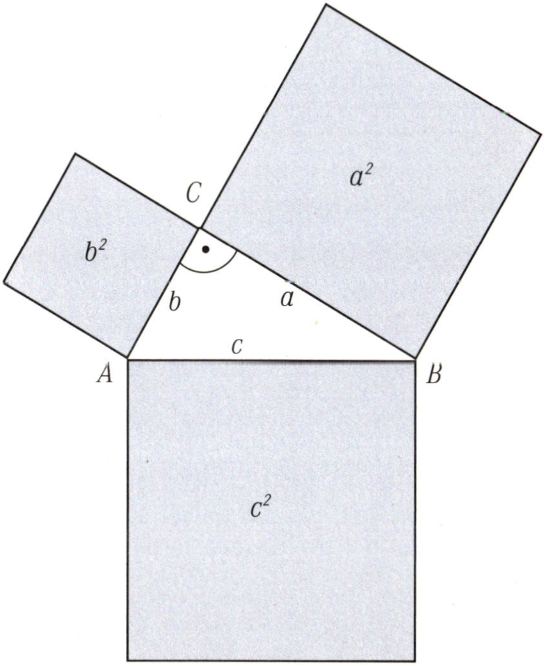

Tetraeder/Oktaeder

Eine andere Eselsbrücke zur Geometrie handelt von den Formen:

Das Vierflach ist ein Tetraeder,
das Achtflach nennt man Oktaeder.

So lassen sich diese zwei Gebilde mit den merkwürdigen Namen leicht auseinander halten: das pyramidenförmige regelmäßige Vierflach (griech. *Tetraeder*) und das regelmäßige Achtflach (griech. *Oktaeder*). Das bedeutet: Ein Tetraeder besteht aus vier Flächen und ergibt eine Pyramide mit drei Seiten. Ein Oktaeder verdoppelt die Pyramide, sodass sie an der Grundfläche wie zusammengeklebt wirkt.

Zinsberechnung

Wer Zinsen berechnen will, macht dies nach der Kip-Formel. »K« steht für Kapital, »i« für den Zeitraum in Jahren und »p« für den Prozentsatz. Nur noch auf dem Taschenrechner multiplizieren und dann durch 100 dividieren. Das Ergebnis sind die Zinsen, die man für einen bestimmten Zeitraum bei einem bestimmten Satz auf eine bestimmte Grundsumme erhält.

$$\frac{K \times i \times p}{100} = \text{Zinsen}$$

MEDIZIN/ANATOMIE

Pankreas (Bauchspeicheldrüse)

Hinterm Magen liegt etwas,
ist das nicht der Pankreas?

Exakt! Die Bauchspeicheldrüse (Pankreas) liegt beim Menschen hinter dem Magen vor der Wirbelsäule.

Milz

Kölnisch Wasser, 4711

Mit diesem Markennamen kann man sich die Maße der Milz einprägen: Eine Breite von 7 Zentimetern, eine Länge von 11 und eine Dicke von 4 Zentimetern.

Auge

*Z**a**pfen sehen F**a**rbe, St**ä**bchen sehen schw**ä**rzlich.*

Auf diese Weise kann man sich die entsprechenden Bereiche der Netzhaut leicht merken.

Harnleiter und Harnröhre

*Harnleit**er** (Ureth**er**)*
*Harnröh**re** (Ureth**ra**)*

Um die lateinischen Namen für Harnleiter (Urether) und Harnröhre (Urethra) unterscheiden zu können, merkt man sich einfach, dass *Harnleiter* genauso wie *Urether* mit -er endet, *Harnröhre* wie *Urethra* mit -r und Vokal.

Knochen der Schädelbasis

***Sti**nes **sieb**en **Keil**er sind **hinter**sinnige **Schl**eimer.*

Stirnbein, **Sieb**bein, **Keil**bein, **Hinter**hauptbein und **Schl**äfenbein – das sind die Knochen der Schädelbasis.

Handwurzelknochen

Folgende Eselsbrücke fasst die acht Handwurzelknochen zusammen:

*Der **Kahn**, der fuhr im **Mond**enschein*
***dreieck**ig um das **Erbsenbein**.*
***Vieleck groß** und **Vieleck klein**,*
*der **Kopf**, der muss am **Haken** sein.*

Die acht Handwurzelknochen heißen: **Kahn**bein, **Mond**bein, **Dreieck**bein, **Erbsenbein**, **großes Vieleck**, **kleines Vieleck**, **Kopf**bein und **Haken**bein

Fußwurzelknochen

Das Fußskelett besteht aus den Knochen der fünf Zehen, aus sieben Fußwurzelknochen und fünf Mittelfußknochen. Die sieben Fußwurzelknochen sind: **Fersenbein**, **Sprungbein**, **Kahn**bein, **Würfelbein** und die **drei Keil**beine.

*Das **Sprungbein** und das **Fersenbein**,*
*die wollten in den **Kahn** hinein*
*und kriegten **drei**mal **Keil**e*
*von dem **Würfelbein**.*

Herzklappen

Die Reihenfolge der Herzklappen (mit dem Blutstrom, beginnend im rechten Vorhof) prägt man sich mit diesem Spruch ein:

*Täglich **pul**siert **m**eine **Aorta**.*

Es sind: Tricuspidalis, **Pul**monalis, **M**itralis und **Aorta**lis.

Kniekehle

NIVEA

So verlaufen die Leitungen in der Kniekehle:

NI = Nerv (außen oben)
VE= Vene (darunter)
A = Arterie (in der Tiefe)

Die 12 Hirnnerven

__O__nkel __O__tto __o__rgelt __t__ag-__t__äglich,
__a__ber __f__reitags __v__erspeist __e__r __g__erne
__v__iele __a__lte __H__amburger.

Mit diesem Merkspruch prägen sich Medizinstudenten die 12 Hirnnerven ein. Die Anfangsbuchstaben verweisen auf die lateinischen Anfangsbuchstaben der Hirnnerven, die für verschiedene Sinnesleistungen, für unser Sprechen und für unsere Bewegungen zuständig sind:

Nn. **o**lfactorii	N. **f**acialis
N. **o**pticus	N. **v**estibulocochlearis
N. **o**culomotorius	N. **g**lossopharyngeus
N. **t**rochlearis	N. **v**agus
N. **t**rigeminus	N. **a**ccessorius
N. **a**bducens	N. **h**ypoglossus

Erste Hilfe nach einer Sportverletzung

Wer sich beim Sport verletzt, umknickt, unglücklich auftritt o. ä. hat PECH gehabt. Die **PECH-Regel** ist bei fast allen Sportverletzungen anwendbar und bringt Linderung, sollte allerdings möglichst in den ersten 20 Minuten nach einer Verletzung erfolgen:

PECH

heißt:
Pause, **E**is, **C**ompression, **H**ochlagern.

- Pause machen! Nicht weiterspielen und den Sport unterbrechen.
- Eis (oder kalte Umschläge) auf die mit einem Tuch bedeckte Stelle gelegt, verringert die Schwellung und ist schmerzlindernd. (Nur nicht bei offenen Wunden anwenden!)
- Ein Compressionsverband verhindert übermäßiges Anschwellen.
- Hochlagern des verletzten Körperteiles

MUSIK

Rhythmus

Aus dem Rheinland stammt folgende Eselsbrücke:
Um den Kindern im Musikunterricht der Grundschule ein erstes Rhythmusgefühl zu vermitteln, werden Pappkärtchen mit zwei Männchen an der Tafel befestigt.

Der dicke Dietrich ist dick, träge und langsam. Er steht für die Viertelnote.
Der dünne Dagobert dagegen ist dünn, lebhaft und schnell. Er symbolisiert den kürzeren Notenwert: die Achtelnote.

Diese Pappkärtchen werden so an der Tafel befestigt, dass eine Reihe der Pappkameraden einen Takt ergibt. Die Kinder müssen dann anhand der Karten den »Takt« sprechen. Dabei werden die Namen der Protagonisten abgekürzt: Aus Dagobert wird »Da« und aus Dietrich »Di«.

Das ergibt dann einen Sprechgesang dieser Art:
Di-Di-Da-Da-Di.
Gleichzeitig wird dazu der Rhythmus mit den Händen geklatscht.

Gitarrensaiten

Für die Namen der Gitarrensaiten (E, A, D, G, H, E) gibt es zahlreiche Merkhilfen:

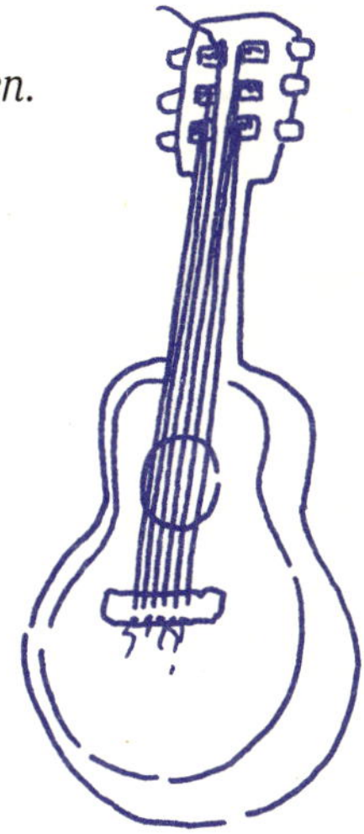

__E__ine __a__lte __D__ame __g__ing __H__eringe __e__inkaufen.

oder:
__E__ine __a__lte __d__umme __G__ans __h__at __E__ier.

oder – näher am Thema:
__E__in __A__nfänger __d__er __G__itarre __h__at __E__ifer.

oder:
__E__ine __a__lte __d__eutsche __G__itarre __h__ält __e__wig.

Geigensaiten

Die Namen der Geigensaiten (g, d, a, e) kann man sich so einprägen:

__G__eh, __d__u __a__lter __E__sel.

oder:
__G__eig, __d__u __a__lter __E__sel.

Saiten der Bratsche und des Cellos

Auch wenn die Saiten des Cellos eine Oktave tiefer gestimmt sind als die der Bratsche, so benötigt man für beide Instrumente nur eine einzige Eselsbrücke. Denn die Saitennamen (c, g, d, a) bleiben dieselben:

__C__aesar, __g__ib __d__ie __A__ntwort!

oder:
__C__aesar __g__enießt __d__en __A__bend.

oder in umgekehrter Richtung:
__A__ch __d__u __g__roßes __C__ello!

Tonleiter

Die Töne einer Tonleiter (c, d, e, f, g, a, h) prägt man sich am besten so ein:

__C__aesar, __d__er __E__mu, __f__risst __g__egen __A__bend __H__euschrecken.

oder:
__C__uno, __d__er __E__sel, __f__abriziert __G__old __a__m __H__interteil.

Dur und Moll

Das »Dur«, das kommt
Von »durus«: hart –
Das »Moll« von »mollis«,
weich an Art.

Und so klingen Dur und Moll dann auch. Dur klingt hart, fröhlich und strahlend, und Moll klingt weich, sanft und ein wenig melancholisch.

Intervallreihe einer vollen Oktave

***Prim**, **Sekund** sind 1 und 2,*
***Terz** als Intervall die 3,*
*4 und 5 die **Quart**, die **Quint**,*
***Sext** und **Sept**, **Oktav** ganz hint'.*

Im Klartext lässt sich die komplette Intervallreihe einer vollen Oktave dann folgendermaßen aufschlüsseln:

1. Stufe = **Prim**
2. Stufe = **Sekund**(e)
3. Stufe = **Terz**
4. Stufe = **Quart**(e)
5. Stufe = **Quint**(e)
6. Stufe = **Sext**(e)
7. Stufe = **Sept**(ime)
8. Stufe = **Oktav**(e)

Kreuz-Tonarten

***G**eh **d**u **a**lter **E**sel, **h**ol **Fis**che!*
1 2 3 4 5 6

Auf diese Weise kann sich die Kreuz-Tonarten merken. Die Ziffern unter den Buchstaben geben die Anzahl der Vorzeichen an:

♯ = **G**-Dur
♯♯ = **D**-Dur
♯♯♯ = **A**-Dur
♯♯♯♯ = **E**-Dur
♯♯♯♯♯ = **H**-Dur
♯♯♯♯♯♯ = **Fis**-Dur

B-Tonarten

F**ürchte **b**esonders **Es**chen-**Äs**te **des
1 2 3 4 5
***ges**amten **C**äsarreiches.*
6 7

Auch hier stehen die Zahlen unter den Buchstaben für die Anzahl der Vorzeichen:

♭ = **F**-Dur
♭♭ = **B**-Dur
♭♭♭ = **Es**-Dur
♭♭♭♭ = **As**-Dur
♭♭♭♭♭ = **Des**-Dur

♭♭♭♭♭♭ = **Ges**-Dur
♭♭♭♭♭♭♭ = Ces-Dur

Noten auf den Linien

*Eine **G**eige **h**at **d**er **F**iedler.*

oder: *Es **g**eht **h**urtig **d**urch **F**leiß.*

e - **g** - **h** - **d** - **f**: das sind die Noten auf den Linien - und zwar in der richtigen Reihenfolge. In den genannten Eselsbrücken sind es die Anfangsbuchstaben der einzelnen Worte.

Noten zwischen den Linien

***F**einer **a**lter **C**ognac, **e**in **G**enuss!*

Eine Merkspruch, um sich die Noten zwischen den Linien einzuprägen: **f** - **a** - **c** - **e** - **g**

Pausenzeichen

Das Pausenzeichen hängt entweder auf der Linie - dann ist es eine halbe Pause - oder unter der Linie -

dann ist es eine ganze Pause. Leicht merken lässt sich das mit folgender Eselsbrücke:

Der ganze Schinken hängt noch,
der halbe (angeschnittene) liegt bereits auf dem Tisch.

Lautstärken in der Musik

*Die Maus, die lebt **piano** bis **pianissimo**,*
*der Spatz hingegen **forte** bis **fortissimo**.*
Der Mensch - so mittendrin -
*Lebt **mezzoforte** vor sich hin.*

Das Gedicht fasst die wichtigsten fünf Lautstärken in der Musik zusammen:

pianissimo	= sehr leise
piano	= leise
mezzoforte	= nicht mehr leise, noch nicht laut
forte	= laut
fortissimo	= sehr laut

Musikalische Zeitmaße (Tempi)

Ein wenig schwieriger ist es, sich das folgende Gedicht zu merken, das die neun gebräuchlichsten musikalischen Tempi aufzählt:

Largo, lento *und* ***adagio***
zu ***andante, moderato,***
bis ***vivace*** *und* ***allegro***
presto *und* ***prestissisimo.***

Und hier die Erläuterung:

largo	= breit, langsam
lento	= langsam, schleppend
adagio	= ruhig, sanft, langsam
andante	= mäßig langsam
moderato	= mäßig bewegt
vivace	= munter, lebhaft
allegro	= lebhaft
presto	= schnell
prestissimo	= sehr schnell

Die Stilrichtungen des Jazz

Der Jazz ist eine Musikrichtung aus den USA, in der europäische und afrikanische Musiktraditionen aufeinandertreffen.
Der Jazz wird in diese sieben Hauptperioden bzw. Stilrichtungen unterteilt:

Orlea	= New Orleans Jazz
Dixie	= Dixieland
Cago	= Chicago-Periode
Swingin'	= Swing-Ära
Bop	= Bebop
Cool	= Cool Jazz

Modern	= Modern Jazz
Free	= Free Jazz

Leicht zu merken mit dieser Eselsbrücke:

***Orle**, **Dixie**, **Cago**, **Swingin'**,*
***Bop** und **Cool-Modern-Free**.*

Die Kirchentonarten

__D__er __P__farrer __l__iest __ä__ltere __J__ournale.

Und hier die Erläuterung:

Der	= dorisch
Pfarrer	= phrygisch
liest	= lydisch
ältere	= äolisch
***J**ournale*	= ionisch

Der traditionelle Orchesteraufbau

Mit Bratschen links die ersten Geigen,
die zweiten rechts beim Cello-Reigen.
Dann an Harfen, Flöten, Klarinetten
sich Fagott, Oboen ketten
nach rechts gefolgt von Hörnern, Bässen,

Trompeten immer links gesessen,
daneben Tuben und Posaunen,
ganz hinten Schlagzeug zu bestaunen.
Ganz vorn, auf hohem Postament,
steht schließlich noch der Dirigent.

Dieses eindrucksvolle Gedicht, das ein wenig an die lustigen Verse Wilhem Buschs erinnert, beschreibt den traditionellen Orchesteraufbau aus der Perspektive des Zuhörers.
Zu bedenken ist allerdings, dass bei der moderneren Anordnung die ersten und zweiten Violinen links und die Celli und Bratschen rechts vom Dirigentenpodium zu finden sind.

Die sechs Hauptstimmlagen

Die Hauptstimmlagen von Sängern und Sängerinnen sind in der folgenden Zeile versammelt, die wieder zwei Nonsens-Wörter ergibt:

SOMEA TEBABA

SO = Sopran
ME = Mezzosopran
A = Alt
TE = Tenor
BA = Bariton
BA = Bass

Die bekanntesten Opern Puccinis

*Die »**Tosca**« und die »**Turandot**«*
verlachten bürgerlichen Trott.
*Genauso dachte »**Butterfly**«,*
*»**Manon Lescaut**« war auch dabei:*
*Sie alle schworen auf »**Bohème**«*
und lebten flott und angenehm.

In diesem Gedicht sind die wichtigsten Opern des Komponisten Giacomo Puccini (1858–1924) versammelt: »Manon Lescaut« (1893), »Bohème« (1896), »Tosca« (1900), »Madame Butterfly« (1900, erweitert 1904) und »Turandot« (beendet von F. Alfano, 1926).

Die fünf Klavierkonzerte Beethovens

***C**leopatra **b**ereitet*
***C**aesar **g**utes **E**ssen.*

Die Anfangsbuchstaben *C, B, C, G, Es* geben die korrekte Reihenfolge der fünf Klavierkonzerte Ludwig van Beethovens (1770–1827) wieder:

C-Dur, Nr. 1
B-Dur, Nr. 2
C-Moll, Nr. 3
G-Dur, Nr. 4
Es-Dur, Nr. 5

Beethoven, Brahms, Bruckner

Die drei großen »B« der Sinfonik:

Ludwig van Beethoven (1770–1827), Anton Bruckner (1824–1896) und Johannes Brahms (1833–1897) sind diese drei Sinfoniker.

Franz Schubert und Robert Schumann

Zwei »Schuhe« sind ein gleiches Paar,
doch Franzl produktiver war:
Er schrieb an Sinfonien neun,
und Robert konnt' mit vier erfreun.

Der österreichische Komponist Franz Schubert (1797–1828) schrieb acht Sinfonien, unter ihnen »die Unvollendete« Nr. 8 h-Moll. Der deutsche Komponist Robert Schumann (1810–1856) schrieb dagegen nur vier Sinfonien. Schuberts vierte Sinfonie wird wegen ihrer Anklänge an Beethovens »Neunte« auch als neunte Sinfonie bezeichnet – daher der Reim in unserem Vers.

PHYSIK

Konvex/konkav

Was sind konvexe, was konkave Linsen? Konvex bedeutet: erhaben, nach außen gewölbt. Konkav bedeutet: hohl, nach innen gewölbt. Doch wer kann sich das merken? Die Unterscheidung zwischen konvex und konkav bereitet vielen Menschen Probleme, wie nicht zuletzt die Vielzahl an Eselsbrücken zeigt:

Die Suppe steht im Löffel brav,
diese Linse ist konkav.
Dann macht es klex,
Also ist die Lins' konvex.

oder:
Der Bauch vom Rex ist konvex.

oder:
Die Linse ist konvex,
ein Buckel wie die Hex.

Schallgeschwindigkeit

Der Schall braucht Zeit, im Freien geht er
in drei Sekunden tausend Meter.

Der Schall ist enorm schnell: Etwa 340 Meter pro Sekunde schafft er in der Luft, also ca. 1000 Meter in drei Sekunden. Wer wissen will, wie weit ein Gewitter entfernt ist, braucht nur die Sekunden zwischen Blitz und Donner zu zählen und sie dann durch drei zu teilen. Dadurch erhält er die ungefähre Anzahl der Kilometer, die das Gewitter noch entfernt ist.

Winkelgeschwindigkeit

Omega ist, das weiß ich, n mal Pi durch 30.

Mit der Formel $W = n \times p \div 30$ berechnet man die Winkelgeschwindigkeit Omega. n ist die Zahl der Umdrehungen pro Minute.

Die Magnetpole

Die Magnetpole sind bei Magneten oft farbig markiert. Wie, das ist leicht zu merken, wenn man sich die Vokale ansieht:
Nord ist rot, süd ist grün.

Schwerkraft

Auf der Erde noch so schwer –
auf dem Mond nur'n Sechstel mehr.

Auf dem Mond ist die Anziehungskraft oder Schwerkraft wesentlich geringer als auf der Erde. Deshalb wiegen die Gegenstände auf dem Mond nur ein Sechstel ihres Gewichts auf der Erde.

Proton/Elektron

***P**roton ist **p**ositiv*
***E**lektron ist **ne**gativ*

oder: ***N***
ELEKTRON
G
A
T
I
V

Strömungsgesetz

Je enger es wird,
desto schneller will man hindurch.

Wer als Kind schon einmal ein Papierschiffchen oder Ähnliches auf einem Bach hat schwimmen lassen, kann sich vielleicht erinnern, dass das Schiff an Geschwindigkeit zunahm, wenn das Bachbett schmaler wurde oder der Bach durch eine enge Tunnelröhre floss.

Ohm'sches Gesetz/ Berechnung der Stromspannung

U-R-I - so heißt nicht nur ein Schweizer Kanton. Dieses Wörtchen ist auch eine fabelhafte Eselsbrücke für das Ohm'sche Gesetz:

$U = R \times I$

Stromspannung (**U**) =
Elektrischer Widerstand (**R**) × Stromstärke (**I**)

Berechnung von Geschwindigkeit

Eines Dings Geschwindigkeit:
Weg durch die gebrauchte Zeit.

$V = s \div t$

Geschwindigkeit (**v**) = Weg (**s**) ÷ Zeit (**t**)

Berechnung von Leistung

Bei der Leistung ist die Zeit entscheidend. Wenn ich auf einem Gebiet trainierter, geübter oder talentierter, also leistungsfähiger bin als andere, schaffe ich die Arbeit in kürzerer Zeit. Oder ich leiste mehr Arbeit in demselben Zeitraum.

Leistung ist die Arbeit
geteilt durch ihre Zeit.

$P = W \div t$

Leistung (**P**) = Arbeit (**W**) ÷ Zeit (***t***)

Berechnung von Arbeit

Nicht der Kopf, die Beine sind entscheidend.

$W = F \times s$

Arbeit (**W**) = Kraft (**F**) × Weg (**s**).

Wechselstromtechnik

Der den Wechselstrom umspannt,
Kondensator wird genannt.

Kondensator -
Strom eilt vor
Induktivität -
Strom kommt zu spät.

oder:
Beim Kondensatoooor eilt der Strom vor.

Elektrischer Strom

Volt mal Ampere,
das ergibt in Watt,
was der Strom geleistet hat.

oder:
*Der Anfangsbuchstabe von **V**olt und der umgedrehte Anfangsbuchstabe von **A**mpere ergeben ein W wie **W**att.*

Die Physiker schreiben das so:

$P = U \times I$

Leistung (**P**) = Spannung (**U**) × Stromstärke (**I**)

Und schließlich ganz einfach gereimt die Grundbegriffe:

Volt, Watt, Ampere, Ohm:
ohne uns gibt's keinen Strom.

Ottomotor

Der Ottomotor wurde Ende des 19. Jahrhunderts von Nikolaus August Otto entwickelt. Er befindet sich in den meisten der heutigen Personenkraftwagen. Der Ottomotor ist ein Motor, in dem das Benzin in mehreren Schritten (auch »Takte« - daher wird der Ottomotor auch Viertaktmotor genannt) verbrannt und in Energie umgesetzt wird. Wie und in welcher Reihenfolge das geschieht, das kann man sich am besten mit folgenden Eselsbrücken einprägen:

Otto denkt ***ans Verdi****enen durch* ***Arbeit***
Und gutes ***Aus****kommen.*

Oder - noch einfacher:
ANS VERDI*enen durch* ***ARBEIT****! Dann* ***AUS****spannen!*

Und hier die Erklärung:
Das sind – in der richtigen Reihenfolge der ablaufenden Aktionen – die vier Takte des Otto- oder Viertaktmotors:

ANS = Ansaugtakt
VERDI = Verdichtungstakt
ARBEIT = Arbeitstakt
AUS = Auspufftakt

Atom

Man merke, dass das Wort Atom
nicht Schöpfung ist des alten Rom,
vielmehr im Griechischen erscheint,
wo damit »unteilbar« gemeint.

Die Verse erklären die Bedeutung des Wortes, dass schon vor über 2000 Jahre benutzt wurde. Es leitet sich her vom griechischen Wort »atomos« = nicht trennbar, unteilbar.

RELIGION

Die vier Evangelisten

Evangelium kommt vom griechischen »euangélion« und heißt so viel wie »frohe Kunde«. Man versteht heute darunter die Überlieferung vom Leben und Wirken Christi - im Speziellen die schriftliche Niederlegung im Neuen Testament, den Evangelien. Doch wer waren die Verfasser der Evangelien?

Mat-Mar-Lu-Jo

Es waren **Mat**thäus, **Mar**kus, **Lu**kas und **Jo**hannes - in der Reihenfolge, in der sie im Neuen Testament gedruckt sind.
Den Evangelisten wird jeweils ein Tiersymbol zugeordnet:

Engel (Matthäus)
Löwe (Markus)
Stier (Lukas)
Adler (Johannes)

Nach den Anfangsbuchstaben ist diese Zuordnung leicht und sogar gleich noch in der richtigen, weil biblischen Reihenfolge zu merken als:

ELSA

Die Paulusbriefe des Neuen Testamentes

Aus dem Zeitraum zwischen 50 und 70 n. Chr. stammen die berühmten Briefe des Apostels Paulus an die Gemeinden in Rom, Ephesus, Galatien, Thessalonich etc. Es ist nicht ganz sicher, ob alle diese Briefe, in denen die Inhaltc und Zusammenhänge des christlichen Glaubens dargestellt werden, wirklich von Paulus stammen. Nichtsdestotrotz hier eine bekannte Eselsbrücke, die die Briefe zusammenfasst:

Rokoko Galephphiko
Thesthes Timtim
Tit *und* ***Phil***

Ro = Römerbrief
Ko = 1. Korintherbrief
Ko = 2. Korintherbrief
Gal = Galaterbrief
Eph = Epheserbrief
Phi = Philisterbrief
Ko = Kolosserbrief
Thes = 1. Thessalonikerbrief
Thes = 2. Thessalonikerbrief
Tim = 1. Timotheusbrief
Tim = 2. Timotheusbrief
Tit = Titusbrief
Phil = Philemonbrief

Dreikönigsfest

CMB

Wer sich wundert, was die Sternsinger jedes Jahr mit Kreide auf ihre Haustür schreiben – hier ist die Auflösung: Die meisten Menschen verbinden damit die Namen der drei Weisen, die in späterer Überlieferung zu Königen gemacht wurden: Caspar, Melchior und Balthasar. Doch eigentlich ist CMB die Abkürzung für den lateinischen Segensspruch »Christus mansionem bendicat« (»Christus segne dieses Haus«).

Das christliche Fischsymbol

Seit der Frühzeit verwenden die Christen ein eigenes Erkennungszeichen, eine Glaubensformel, die mit einem Fischsymbol verbildlicht wird. Auch heute noch ist es für die Christen ein Symbol ihres Glaubens. Das Wort »Fisch« heißt auf griechisch »**ICHTYS**«.

Die einzelnen Buchstaben fassen die christliche Lehre zusammen: Jesus Christus ist Gottes Sohn und Erlöser.

IESOUS	= Jesus
CHRISTOS	= Christus
THEOU	= Gottes
HYIOS	= Sohn
SOTER	= Erlöser, Retter

STRASSENVERKEHR

Überqueren einer Straße

Erst links, dann rechts,
dann geradeaus
so kommst du sicher gut nach Haus.

Eine Regel, die selbst Erwachsene manchmal vergessen, wenn sie über die Straße gehen. Erst schauen, ob die Straße frei ist! Aber vielleicht ist ja auch ein Zebrastreifen in der Nähe:

Zebrastreifen zeigen an,
wo man glatt hinüber kann.

Der Verkehrspolizist

Siehst du Bauch oder Rücken,
musst du auf die Bremse drücken.
Siehst du die Seite ganz und gar,
dann - mit Vorsicht - aber fahr.

***

Handzeichen heben Lichtzeichen auf,
Lichtzeichen die Vorfahrtsregeln!

Die Hand- und Lichtzeichen, die der Verkehrspolizist gibt, haben immer Vorrang. Und geschalteten Signalanlagen heben die normalerweise geltenden Vorfahrtsregeln auf.

Die Verkehrsampel

ROT heißt warten –
GRÜN heißt starten!

oder:
Bei ROT bleibst du stehen!
Bei GRÜN darfst du gehen!

Zeitiges Einordnen vor dem Abbiegen

Ordne dich beizeiten ein!
Gleich wird es dir von Nutzen sein!

oder:
Willst du um die Ecke heil,
fahr präzise nach dem Pfeil!

Die erste Autofahrt

Das erste, was angehende Autofahrer in der Fahrschule lernen:

***Ku**rt **Sta**nowski*
***g**eht **h**eim.*

Kurt	= Kupplung
Stanowski	= Starten
geht	= Gang einlegen
heim	= Handbremse

Vorfahrtsschilder

Beim Vorfahrtsschild muss man sich bloß merken, dass das V nach unten zeigt, wie bei Vorfahrt! Oder man prägt sich diese Eselsbrücke ein:

Vorsicht, wenn du siehst das V!
Erstmal nach der Vorfahrt schau!

Alternativ:
Das Dreieck an der Kreuzung spricht:
Statt Vorfahrt hast du Wartepflicht.

Und zum Stoppschild:
Siehst du ein quadratisches Spiegelei:
Schau ob deine Vorfahrt frei!

Vorfahrt beachten!

Rechts vor links!

***

Vorfahrt abgewartet - Dann gestartet!

Verbotsschild

Rund und rot heißt Verbot!

Gefälle

Im Tal hinunter, schalt nicht hinauf -
fahr so, als ginge es bergauf!

Bei der Talfahrt sollte der Autofahrer immer in den niedrigeren Gang schalten, um die so genannte Motorbremse zur Wirkung zu bringen.

Spielende Kinder

Erst kommt der Ball -
dann kommt das Kind,
tritt auf die Bremse bloß geschwind!

VERSCHIEDENES

Wie viele Tage hat der Monat?

30 Tage hat November,
April, Juni und September.

Die englische Variante:
Thirty days has november,
april, june and september.

Eine andere, sehr beliebte Variante:
Man legt beide Hände - zu Fäusten geballt - auf den Tisch und zählt die Monate mit Hilfe der Fingergelenke ab. Man beginnt links mit Januar und endet bei der rechten Hand mit Dezember. Jeder hochstehende Knöchel kennzeichnet einen Monat mit 31 Tagen. Die in den Zwischenräumen gezählten Monate haben 30 Tage - mit Ausnahme des Februars mit 28 bzw. 29 Tagen.

Telefonieren

Oft kommt man beim Telefonieren in die Situation, dass der Zuhörer am anderen Ende der Leitung einen Namen nicht versteht oder nicht weiß, wie dieser geschrieben wird. Da bleibt einem keine andere Wahl, als den Namen zu buchstabieren. Die allgemein gebräuchliche »Buchstabiertafel« ist in diesem Fall eine große Hilfe.

A = Anton
Ä = Ärger
B = Berta
C = Caesar
Ch = Charlotte
D = Dora
E = Emil
F = Friedrich
G = Gustav
H = Heinrich
I = Ida
J = Julius
K = Kaufmann
L = Ludwig
M = Martha
N = Nordpol
O = Otto
Ö = Ökonom
P = Paula
Q = Quelle
R = Richard
S = Siegfried
Sch = Schule
T = Theodor
U = Ulrich
Ü = Übermut
V = Viktor
W = Wilhelm
X = Xanthippe
Y = Ypsilon
Z = Zacharias

Windstärken

Zwölf Stärkegrade hat die so genannte Beaufort-Skala, benannt nach dem britischen Admiral und Hydrographen Sir F. Beaufort (1774–1857). Mit ihrer Hilfe ist es möglich, aufgrund eigener Beobachtung die Windstärke einzuschätzen.

Aber wie sind die genauen Bezeichnungen der Windstärken? Der folgende Merkvers kann helfen, sich die Reihenfolge einzuprägen:

Stiller Zug, leichte Brise,
mäßig frischer Wind.
Steifer, stürmischer Sturm,
schwer-artiger Orkan.

Dahinter verbirgt sich die ganze Skala:

Wind**stille** entspricht der Windstärke 0.
Leiser **Zug** entspricht der Windstärke 1.
Leichte Brise entspricht der Windstärke 2.
Schwache **Brise** entspricht der Windstärke 3.
Mäßige Brise entspricht der Windstärke 4.
Frische Brise entspricht der Windstärke 5.
Starker **Wind** entspricht der Windstärke 6.
Steifer Wind entspricht der Windstärke 7.
Stürmischer Wind entspricht der Windstärke 8.
Sturm entspricht der Windstärke 9.
Schwerer Sturm entspricht der Windstärke 10.
Orkan**artiger** Sturm entspricht der Windstärke 11.
Orkan entspricht der Windstärke 12.

Die Uhr richtig stellen

Zwei Mal in jedem Jahr verstellt Europa die Uhren Richtung Sommer- bzw. Winterzeit. Aber in welche Richtung? Millionen von Menschen rätseln jedes Mal wieder und können sich einfach nicht merken, wann uns eine Stunde Nachtschlaf geraubt und wann sie uns wiedergegeben wird. Mit dem folgenden Merkspruch geht es vielleicht ein bisschen besser:

Im Frühjahr stellt man die Gartenmöbel
***vors** Haus.*
Im Herbst stellt man sie wieder
***zurück** in den Schuppen.*

Will sagen: Wenn Ende März die Sommerzeit beginnt, stellen wir unsere Uhren eine Stunde **vor**. Wenn Ende Oktober die Winterzeit beginnt, stellen wir die Uhren wieder eine Stunde **zurück**.

Hausbau/Wohnungssuche

Sie planen eine Küche oder wollen wissen, ob die Küche in der soeben besichtigten Mietwohnung groß genug ist? Die folgende Faustregel hilft, die nötige Ablagefläche in einer Küche auszurechnen, damit später keine unliebsamen Überraschungen auftauchen:

Anzahl der Zimmer = laufende Meter Ablagefläche

Auf dem Wasser unterwegs

Segler und Motorbootfahrer müssen für ihre Führerscheinprüfung zahlreiche Verkehrsregeln lernen. Vor allem die Unterscheidung der Positionsleuchten und der entsprechenden Farben macht vielen Kandidaten Mühe. Dabei ist es mit der folgenden Eselsbrücke ganz einfach:

*Steue**r**bord ist **r**echts.*
*Die Ste**u**erbordlaterne ist gr**ü**n.*

***

Oder anders herum:

Backbord ist links (kein r!).
Und wenn ich dir mit meiner rechten Hand
kräftig eine runterhaue,
ist deine linke Seite (Backbord!) rot.
Also ist die Backbordlaterne rot.

***

Und noch eine Regel für Bootsfahrer, die nachts unterwegs sind und einem weiteren nächtlichen Wasserwanderer begegnen. Sie kommen sicher aneinander vorbei, wenn sich die Lichter gleichen:

Rot an Rot
hat keine Not.
Grün an Grün
kannst du getrost vorüberzieh'n.

Die Erdzeitalter

Nicht nur Schüler stellen sich gelegentlich die Frage nach den Formationen des Erdaltertums (Paläozoikum), die man als Gesteinsschichten ablesen kann:

Kambrium
Silur
Devon
Karbon
Perm

Der folgende Spruch hilft beim Merken der Bezeichnungen und der richtigen Reihenfolge:
***K**ann **s**ich **d**och **k**ein **P**ennäler merken!*

Noch ein paar Faustformeln

Für ein ideales Herz- und Kreislauftraining:

Herzfrequenz 180 abzüglich Lebensalter ergibt den idealen Trainingspuls.

***

Für den richtigen Abstand auf der Autobahn:

Halber Tachostand in Metern

Wer 100 Stundenkilometer schnell fährt, sollte einen Sicherheitsabstand von 50 Metern einhalten.

Tipps für das Erfinden und Merken von Passwörtern und Geheimcodes

Ohne Passwörter und Geheimnummern kommt in unserer heutigen technisierten Welt kaum noch jemand aus. Sei es der Online-Shop im Internet, der Bankautomat, die Bücherei, die Videothek - ohne verschlüsselte Geheimcodes geht gar nichts.
Das Problem beginnt meist schon mit dem Erfinden. Es findet seine Fortsetzung im Merken der zahlreichen Wörter und Nummern, deren Verschlüsselung irgendwann auch dem Besitzer Schwierigkeiten bereitet. Wer Kunde von mehreren Online-Shops ist, muss ein besonders gutes Gedächtnis haben, weil er natürlich - wie überall empfohlen - für jeden Shop ein anderes Passwort verwendet und weil er sich die Nummern und Wörter als sicherheitsbewusster Zeitgenosse lieber nicht aufschreibt.

Im Folgenden ein paar Tipps und Tricks für das leichte Erfinden und Merken von Passwörtern und Geheimcodes:

- Natürlich sollte man niemals seinen eigenen Namen als Passwort benutzen.

Auch nahe liegende Namen wie der von Angehörigen, des Lieblingsfussballvereins oder der Name des Haustieres eignen sich - orientiert man sich an den Empfehlungen von Sicherheitsfirmen - eher nicht. Die Gefahr, dass unbefugte Benutzer diese Passwörter knacken, ist besonders groß.

• Speziell bei Internetzugängen sollte man möglichst auch auf Wörter, die im Duden vorkommen, verzichten. Denn es gibt mittlerweile auch Software, mit welcher diese geknackt werden können. Die Verbrecher sind den Experten leider immer ein Stück voraus.

• Helfen Sie sich mit selbst konstruierten Eselsbrücken! Chiffrieren Sie beispielweise Ihr Lieblingslied, z.B. den Titel von »The Delfonics«: Didn't I blow your mind this time. Nehmen Sie die Anfangsbuchstaben der einzelnen Wörter, dann wäre Ihr Passwort: DIBYMTT.

• Oder nehmen Sie ein alltägliches »Ritual« Ihres Tagesablaufs, z.B.: Jeden Morgen um 8.30 trinke ich einen Espresso. Dann wäre Ihr Passwort: JMu8tieE. Eine Kombination von Zahlen und Buchstaben erhöht die Sicherheit Ihres Passwortes zusätzlich. Fachleute halten eine solche Verschlüsselung für die sicherste.

• Einfache (vorgegebene) Geheimnummern lassen sich merken, wenn man sie mit einem bekannten Ereignis oder einer Zahl aus dem eigenen Leben verknüpft. Das kann die eigene Körper- oder Schuhgröße, das Alter oder das Geburtsjahr, der Hochzeitstag oder ein anderer Gedenktag sein. Auch wenn nur eine oder zwei Zahlen übereinstimmen, kann das schon hilfreich sein. Oder man verknüpft die Zahlen mit Farben oder Dingen. Oder man sucht mathematische Besonderheiten o. ä. Der eigenen Fantasie sind hier keine Grenzen gesetzt.

WETTERKUNDE/-REGELN

Die bekanntesten Wirbelstürme

__Bli__tzende __hu__ndert __Or__den -
__Ta__lleyrand __tor__kelt __z__iemlich.

Talleyrand ist der Name eines alten französischen Adelsgeschlechtes. Der wohl bekannteste Talleyrand war der Staatsmann und Außenminister Charles Maurice de Talleyrand (1754–1838). Diese Tatsache ist hier jedoch völlig unwichtig.
Mit diesem Spruch lassen sich die Namen der bekanntesten Wirbelstürme einprägen:

Blizzard - Hurrikan - Orkan -
Taifun - Tornado - Zyklon.

Auf See

L__u__v = z__u__m Wind
L__e__e = w__e__g vom Wind

»Luv« und »zum« haben ein gemeinsames »u«, »Lee« und »weg« ein gemeinsames »e«. Luv nennt man die Seite, aus der der Wind kommt. Lee ist die windabgewandte Seite des Bootes. Beim Aussprechen von »Luv« wird am Ende gepustet, also ist Luv die Seite, von wo der Wind kommt. Beim Segeln eine wichtige Grundregel, die man sich mit diesen Eselsbrücken einprägen kann.

***

Steuerbordseite auf Wasserstraßen:
*Steue**r**bord ist vom Meer her gesehen **r**echts.*

Bekannte Wetterregeln

Bauernregeln, auch Wetterregeln genannt, gibt es wie Sand am Meer. Und sie sind teilweise schon sehr alt und über viele Jahrzehnte, über Generationen hinweg weitererzählt worden. Viele dieser kleinen Verse haben den Charakter von Eselsbrücken.
Bevor wir aus dem großen Fundus an volksmundlichen Bauernregeln hier einige – geordnet nach den vier Jahreszeiten – wiedergeben, ein paar **allgemeine Wetterregeln**:

Fliegen die Schwalben in den Höh'n,
kommt ein Wetter, das ist schön.

***

Wenn die Schwalben tiefer fliegen,
werden wir bald Regen kriegen.

Auf einen trüben Morgen folgt ein heiterer Tag.

***

Geht der Fisch nicht an die Angel,
ist an Regen bald kein Mangel.

***

Dreht mehrmals sich der Wetterhahn,
so zeigt er Sturm und Regen an.

***

Je weißer die Schäfchen am Himmel gehen,
desto länger bleibt das Wetter schön.

***

Morgenrot in Ost bringt die beste Wetterpost.

Frühling

Wie das Wetter am Frühlingsanfang (20. März),
so ist es den ganzen Sommer lang.

***

Fürchte nicht den Schnee im März,
darunter wohnt ein warmes Herz.

***

Wenn der März als Schaf kommt,
geht er als Wolf.

April windig und trocken,
lässt das Wachstum stocken.

***

Regen auf Walpurgisnacht (30. April)
hat stets ein gutes Jahr gebracht.

***

Wenn im Mai die Bienen schwärmen,
sollte man vor Freude lärmen.

***

Wie viel Tage vor Fronleichnam Regen,
so viel Tage hinterher.

Sommer

Wenn die Schwalben
Ende Juli schon ziehen,
sie vor baldiger Kälte fliehen.

***

Wenn's regnet an Sankt Gervasius (19. Juni),
es vierzehn Tage regnen muss.

***

Wenn's im Juni viel regnet,
ist der Graswuchs gesegnet.

Der August muss Hitze haben,
sonst Obstbaumsegen wird begraben.

***

Waren die Hundstage (24. Juli–23. August) heiß,
bleibt der Winter lange weiß.

***

Hitze an St. Dominikus (4. August) -
ein strenger Winter kommen muss.

Herbst

Stellt sich am Herbstanfang viel Nebel ein,
so wird viel Schnee im Winter die Folge sein.

***

Bleiben die Schwalben lang,
so sei vor dem Winter nicht bang.

***

Sind die Maulwurfshügel
hoch im Garten,
ist ein strenger Winter zu erwarten.

***

Gießt St. Gallus (17. Oktober) wie aus einem Fass,
ist der nächste Sommer nass.

Wenn's an Allerheiligen schneit,
lege deinen Pelz bereit!

Winter

Steckt die Krähe zu Weihnacht im Klee,
sitzt sie Ostern oft noch im Schnee.

***

Wirft der Maulwurf seine Hügel neu,
währt der Winter bis zum Mai.

***

Wenn Antonius' (17. Januar) Luft ist klar,
kommt bestimmt ein trocken Jahr.

***

Der St. Felix (21. Februar) zeiget an,
was für'n Wetter wir 40 Tage han.

***

Sonnt sich die Katze im Februar,
muss sie im März zum Ofen gar.

***

Ist St. Romanus (28. Februar)
hell und klar,
bedeutet es ein gutes Jahr.

WIRTSCHAFT

Die Faustregel des Verkaufens

AIDA

heißt eine Oper von Guiseppe Verdi, der sich wahrscheinlich im Grabe herumdrehen würde, wenn er wüsste, dass AIDA zu einem einschlägigen Kunstwort in Werbung und Verkauf geworden ist, mit dem man Anfängern in der Verkaufspraxis den Einstieg erleichtern will.
Die vier Buchstaben sind die Anfangsbuchstaben von:

Attention: Es wird die Aufmerksamkeit des Kunden/der Zielgruppe geweckt.

Interest: Der Kunde/die Zielgruppe muss sich für das Produkt interessieren.

Desire: Durch geschickte Argumentation soll das Verlangen des Kunden/der Zielgruppe gelenkt werden. Er soll den dringenden Wunsch verspüren, das Produkt unbedingt kaufen zu wollen.

Action: Der Kunde/die Zielgruppe wird direkt motiviert, das Produkt zu kaufen.

Rechte des Käufers

WUMS

Mit dieser rabiaten Wortschöpfung werden die Rechte, die ein Käufer bei einem Kaufvertrag erwirbt, zusammengefasst:

Wandlung
Umtausch
Minderung
Schadenersatz

Werbung: Das siebenfache »W«

Wer eine Werbekampagne vorbereitet und startet, tut gut daran, das siebenfache »W« zu berücksichtigen:

1. Warum soll geworben werden? Was wird mit dieser Kampagne genau bezweckt?
2. Wofür werben wir?
3. Wer soll angesprochen werden? Wie sieht die Zielgruppe der Kampagne aus?
4. Wie, auf welche Weise kann geworben werden?
5. Wo muss geworben werden?
6. Womit, mit welchem Budget und welchen Mitteln werben wir?
7. Wann, in welchem Zeitpunkt läuft die Werbung? Gibt es einen idealen Zeitpunkt, eine ideale Dauer?

Die wichtigsten Sozialversicherungen

KURA

Kura, normalerweise mit C geschrieben, ist das lateinische Wort für »Sorge«. Gute Vorsorge betreibt, wer die folgenden Versicherungen hat:

K = Krankenversicherung
U = Unfallversicherung
R = Rentenversicherung
A = Arbeitslosenversicherung

Verkaufstechnik: die UVW-Formel

Verkaufen will nicht nur gelernt sein. Es stellt auch eine Reihe anderer Anforderungen an die Person des Verkäufers, die man sich mit dieser Kurzformel einprägen kann:

U V W

Das **U** steht für das Unternehmen. Der beste Verkäufer ist der, der an die Ziele seines Unternehmen glaubt und davon voll und ganz überzeugt ist.
Das **V** steht für das Verkaufen. Der Verkäufer muss an die vom ihm gesetzten Ziele des Verkaufens glauben.
Das **W** weist hin auf die Ware. Der Verkäufer sollte von der Qualität der Ware überzeugt sein.

Über dieses Buch

Der Autor Thomas Rosky studierte Ur- und Frühgeschichtliche Archäologie, Kunstgeschichte und Philosophie in Freiburg und Madrid. Er lebt als freier Autor und Lektor in München.

Die Illustratorin Jutta Weber studierte Kommunikationsdesign in Nürnberg und war mehrere Jahre schwerpunktmäßig in den Bereichen Werbung und Buchgestaltung tätig. Sie lebt als freie Illustratorin und Journalistin in Augsburg.

Bildnachweis Alle Illustrationen: Jutta Weber, Augsburg

Weltbild Buchverlag
- Originalausgaben -

Steinerne Furt 67, 86167 Augsburg

Projektleitung und Redaktion: Dr. Ulrike Strerath-Bolz
Umschlag: Andrea Göttler
Umschlagabbildung: Jutta Weber, Augsburg
DTP/Satz: Lydia Koch, Augsburg
Reproduktion: Point of Media GmbH, Augsburg
Druck und Bindung: Bagel Roto-Offset GmbH & Co.KG, Gewerbegebiet Sachsen-Anhalt Süd, Kirchweg, 06721 Schleinitz

Gedruckt auf chlorfrei gebleichtem Papier

Printed in Germany

ISBN 3-89897-315-8

Register